©   Verlag Zabert Sandmann
München
1. Auflage 2010
ISBN 978-3-89883-257-1

Grafische Gestaltung	Georg Feigl, Jürgen Endriß (Netzwerk GbR)
Foodfotografie	Andrea Kramp und Bernd Gölling
Foodstyling	Petra Speckmann (andere siehe S. 119)
Porträtfotos	Foto Sessner
Redaktion	Beate Diop, Alexandra Schlinz, Martina Solter
Rezeptbearbeitung	Monika Reiter, Gerlinde Hans
Mitarbeit (Rezepte)	Patrick Raaß
Herstellung	Karin Mayer, Peter Karg-Cordes
Lithografie	Christine Rühmer
Druck & Bindung	Mohn media Mohndruck GmbH, Gütersloh

 Beim Druck dieses Buchs wurde durch den innovativen Einsatz der Kraft-Wärme-Kopplung im Vergleich zum herkömmlichen Energieeinsatz bis zu 52 % weniger CO_2 emittiert. *Dr. Schorb, ifeu.Institut*

In Zusammenarbeit mit dem Bayerischen Fernsehen
mit Lizenz durch die BRW-Service GmbH

Besuchen Sie uns auch im Internet unter www.zsverlag.de

Alfons Schuhbeck · Angelika Schwalber

HERZHAFT & SÜSS

Raffiniert kochen und backen

ZABERT
SANDMANN

Inhalt

Ein gemischtes Doppel

Gegensätze ziehen sich an. Im normalen Leben und selbstverständlich auch in der Küche. Wer mag das Fleisch nicht außen resch und innen ganz zart? Ente süß-sauer? Ein Leckerbissen! Oder Wiener Schnitzel mit Preiselbeeren? Ein Klassiker! Von Süßwein zu Käse, von Schokolade in der Wildsauce und Chili im Fruchteis ganz zu schweigen. Das Herzhafte mag halt das Süße, und das Süße mag einfach das Herzhafte. Wenn Gegensätze aufeinanderprallen, wenn der eine Geschmack den anderen kitzelt – dann entsteht wahrhaft raffinierte Küche. Aber eine, die nicht immer kompliziert sein muss. Einfach raffiniert, herzhaft und süß – dafür stehen die (süße) Spitzenkonditorin Angelika Schwalber und meine Wenigkeit, Alfons Schuhbeck, der Herzhafte!

Als die Angelika und ich mit »Herzhaft & süß« angefangen haben, da war uns gar nicht so klar, wie gut diese beiden Geschmacksrichtungen harmonieren und wie viele Anlässe es gibt, bei denen man die Genießer auf eine kleine Geschmacks-

Achterbahn schicken kann. Beim Frühstück ist das ja noch ganz normal: Süßer Hefezopf und dazu ein Geräuchertes – das kennt man ja vom Osterfrühstück her! Und mit dem Brunch, dem modischen Gegenstück zum Frühstück, da hat der herzhaft-süße Tagesanfang erst recht seinen Siegeszug angetreten. Aber auch beim Nachmittagskaffee hat herzhaft und süß eine gewisse Tradition: Was früher Sahnetorte und Königinpastete war, das haben Angelika und ich allerdings ein bisserl modernisiert und verfeinert: Deshalb gibt's bei uns zum Kaffee eine Apfel-Rosmarinmousse-Torte mit Zitronencreme und dazu auf der herzhaften Seite einen Bauernbrot-Toast mit Saiblingstatar, Wachtelspiegelei und Wildkräutersalat. Einfach raffiniert – oder, Angelika?

Wo du recht hast, hast du recht, Alfons: Denn neben der Raffinesse ist mir als Konditormeisterin und vor allem als Hausfrau ganz besonders wichtig, dass unsere Rezepte nachvollziehbar und einfach nachzumachen sind. Deshalb finden Sie bei uns auch jede Menge Tipps und Tricks, wie man sich das Leben in der Küche ein bisserl leichtermachen kann. Vor allem und gerade vor

Weihnachten, damit die »Backerei nicht zur Plackerei« wird und die Adventszeit besinnlich und beschaulich bleibt. Apropos Advent und Weihnachten: Geht es Ihnen nicht auch so, dass Sie nach einer Überdosis Lebkuchen, Zimtsterne und Marzipan eine unbändige Lust auf was Herzhaftes haben? Da kann Ihnen geholfen werden. Alfons hat da einige festliche Gerichte auf Lager, die sind so herzhaft, dass Sie danach garantiert wieder was Süßes brauchen. Hab ich recht, oder hab ich recht, Alfons?

Ja, Angelika, gschmackige Genüsse und süße Verführungen, das sind halt Gegensätze, die sich magisch anziehen, gell? Gemeinsam sind wir zwei Bayern einfach nicht zu schlagen, und Sie, liebe Leser, schon gar nicht. Wir wünschen Ihnen viel Spaß mit unserem gemischten Doppel-Kochbuch, viel Freude beim Nachkochen und vor allem beim Nachschmecken.

Ihre Angelika Schwalber und Ihr Alfons Schuhbeck

Herzhaft

von **ALFONS SCHUHBECK**

Dreierlei Frischkäse-Aufstriche

Für 4 Personen

Für den Blumenkohl-Frischkäse:
1 Ei
100 g Blumenkohl · Salz
5 EL Milch
¹/₂–1 TL mildes Currypulver
250 g Frischkäse
1 EL flüssige braune Butter
(siehe S. 20)
1 EL Schnittlauchröllchen
Pfeffer aus der Mühle
mildes Chilipulver

Für den Champignon-Frischkäse:
100 g Champignons
2 EL braune Butter
Salz · Pfeffer aus der Mühle
gemahlener Kümmel
1 Msp. abgeriebene
unbehandelte Zitronenschale
250 g Frischkäse · 2 EL Milch
2 EL Basilikumpesto (siehe S. 12)
1 EL Petersilie
(frisch geschnitten)
Pfeffer aus der Mühle
mildes Chilipulver

Für den Bruschetta-Frischkäse:
50 ml Gemüsebrühe
2 geh. EL Bruschettagewürz
(z. B. von Alfons Schuhbeck;
siehe Tipp und S. 119)
250 g Frischkäse · Salz

1 Für den Blumenkohl-Frischkäse das Ei 10 Minuten hart kochen, kalt abschrecken, pellen und in kleine Stücke schneiden. Den Blumenkohl putzen, waschen und in kochendem Salzwasser fast weich garen. In ein Sieb abgießen, kalt abschrecken und abtropfen lassen. Den Blumenkohl ebenfalls in kleine Stücke schneiden.

2 Die Milch in einem kleinen Topf erhitzen und vom Herd nehmen. Das Currypulver hineinrühren und 3 Minuten ziehen lassen. Die Currymilch mit dem Frischkäse verrühren. Den Blumenkohl und das Ei untermischen. Die braune Butter und den Schnittlauch unterrühren und den Aufstrich mit Salz, Pfeffer und Chilipulver würzen.

3 Für den Champignon-Frischkäse die Champignons putzen, trocken abreiben und in kleine Stücke schneiden. In einer Pfanne 1 EL braune Butter erhitzen und die Pilze darin anbraten. Mit Salz, Pfeffer, 1 Prise Kümmel und der Zitronenschale würzen.

4 Den Frischkäse mit der Milch glatt rühren. Zuerst das Pesto und die Petersilie hinzufügen, dann die abgekühlten Champignons mit der restlichen braunen Butter untermischen. Den Aufstrich mit Salz, Pfeffer und Chilipulver würzen.

5 Für den Bruschetta-Frischkäse die Brühe in einem kleinen Topf erhitzen und vom Herd nehmen. Das Bruschettagewürz einrühren und 2 Minuten quellen lassen. Den Frischkäse mit der Gewürzbrühe verrühren und mit Salz abschmecken.

Mein Tipp: Für mein Bruschettagewürz mische ich Tomaten- und Paprikaflocken mit zerstoßenen Mandelblättchen und würze die Mischung mit getrockneten Schnittlauchröllchen, getrocknetem Bohnenkraut, mildem Chilipulver, gemahlenem Koriander, getrocknetem, gemahlenem Knoblauch und Ingwer sowie etwas Zimt- und Nelkenpulver.

Vitaminbrot mit Basilikumpesto

Für 4 Personen

Für das Basilikumpesto:

50 g Blattspinat · Salz
50 g Basilikumblätter
10 g Liebstöckelblätter
1 EL Mandelblättchen (geröstet)
1 EL geriebener Parmesan
1 Knoblauchzehe (fein gerieben)
1/2 TL fein geriebener Ingwer
60 ml mildes Olivenöl
60 g flüssige braune Butter
(siehe S. 20)
Pfeffer aus der Mühle
einige Tropfen Zitronensaft

Für das Brot:

150 g Frischkäse · 2 EL Milch
mildes Chilisalz · Chiliflocken
je 4 Blätter Lollo rosso und
Radicchio
2 Tomaten
200 g Büffelmozzarella
1–2 EL Butter
2–3 Scheiben Knoblauch
1 Scheibe Ingwer
1/4 Vanilleschote
1 Stück Zimtrinde
4 Eier
4 Scheiben Bauernbrot
8 dünne Scheiben
gekochter Schinken
mildes Chilipulver

1 Für das Basilikumpesto den Spinat verlesen und waschen, grobe Stiele entfernen. In kochendem Salzwasser kurz blanchieren. In ein Sieb abgießen, kalt abschrecken und abtropfen lassen. Das restliche Wasser mit den Händen gut ausdrücken und die Blätter klein schneiden.

2 Spinat, gewaschenes Basilikum und gewaschenen Liebstöckel in den Kuchenmixer geben. Mandeln, Parmesan, Knoblauch, Ingwer, Olivenöl und braune Butter hinzufügen und mit Salz, Pfeffer und Zitronensaft würzen. Alles zu einer feinkörnigen Paste pürieren. 2 bis 3 EL Pesto abnehmen, den Rest in ein Schraubglas füllen und im Kühlschrank aufbewahren – es hält sich bis zu 2 Wochen.

3 Für das Brot den Frischkäse mit der Milch in einer Schüssel glatt rühren. 1 EL Pesto unterrühren und den Frischkäse mit Chilisalz und -flocken würzen.

4 Die Salatblätter waschen und trocken tupfen. Die Tomaten waschen und in Scheiben schneiden, dabei die Stielansätze entfernen. Den Mozzarella abtropfen lassen und in Scheiben schneiden.

5 Die Butter in einer großen Pfanne bei milder Hitze zerlassen. Den Knoblauch, den Ingwer und die Vanilleschote dazugeben. Etwas Zimt darüberreiben, die Butter mit Chilisalz würzen und einige Minuten ziehen lassen. Die ganzen Gewürze wieder entfernen. Die Eier vorsichtig aufschlagen, nebeneinander in die Pfanne gleiten lassen und in der Würzbutter bei milder Hitze zu Spiegeleiern braten.

6 Die Brotscheiben mit dem Frischkäse bestreichen und mit den Salatblättern belegen. Die Tomaten- und Mozzarellascheiben abwechselnd daraufgeben, mit Chilisalz würzen und mit den Schinkenscheiben belegen. Zum Schluss die Spiegeleier daraufsetzen, die Brote mit Chilipulver bestreuen und mit dem restlichen Pesto beträufeln.

Bauernbrot-Toast mit Saiblingstatar und Wachtelspiegelei

1 Die Brühe mit dem Senf, rot-grünem Chilisalz, dem Ingwer und dem Öl in einer Schüssel verrühren. Das Saiblingsfilet waschen und trocken tupfen. Das Filet schräg in dünnen Scheiben von der Haut schneiden. Das Fischfleisch zunächst in dünne Streifen, dann in feine Würfel schneiden und in eine Schüssel geben. Mit der Marinade vermischen.

2 Die Zwiebel schälen und in feine Würfel schneiden. Mit den Kapern, dem Schnittlauch, der Limettenschale und etwas -saft unter die Fischwürfel rühren. Das Tatar kurz ziehen lassen, gegebenenfalls etwas nachwürzen.

3 Aus 4 Brotscheiben je 1 Kreis (à 7 cm Durchmesser) ausstechen. Die restlichen Brotscheiben in kleine schmale Dreiecke schneiden. Die Brottaler und die -dreiecke in einer Pfanne ohne Fett bei milder Hitze auf beiden Seiten leicht rösten.

4 Die braune Butter mit 1 Prise Salz in einer Pfanne bei milder Hitze zerlassen. Die Wachteleier mit einem Sägemesser in der Mitte vorsichtig einschneiden, aufbrechen, in die Pfanne gleiten lassen und zu Spiegeleiern braten.

5 Die Wildkräuter waschen und trocken schütteln. Mit etwas Limettensaft, dem Olivenöl und rot-grünem Chilisalz marinieren. Das Saiblingstatar auf die Brottaler verteilen und auf Teller setzen. Die Wachtelspiegeleier auf das Tatar legen und mit den Wildkräutern garnieren. Die Brotspitzen anlegen und etwas Meerrettich darüberreiben.

Für 4 Personen

50 ml Gemüsebrühe
1 TL scharfer Senf
rot-grünes Chilisalz mit Vanille
½ TL geriebener Ingwer
3 EL Öl (z. B. eine Mischung aus
Lein-, Traubenkern- und Arganöl)
500 g Saiblingsfilet
(mit Haut, ohne Gräten)
½ Zwiebel · 1 EL Kapern
1 EL Schnittlauchröllchen
1 Msp. abgeriebene
unbehandelte Limettenschale
einige Tropfen Limettensaft
8 dünne Scheiben Bauernbrot
1 EL braune Butter (siehe S. 20)
Salz · 4 Wachteleier
1 Handvoll Wildkräuter
(z. B. junge Löwenzahnblätter,
junge Gierschblätter, Sauer-
ampfer, Bachkresse, Vogelmiere)
1 EL Olivenöl
1 Stück frische Meerrettichwurzel

Mein Tipp: Wachteleier haben unter der Schale eine kräftige Haut. Sie lassen sich daher nicht ohne Weiteres aufschlagen. Am besten schneidet man sie mithilfe eines feinen Sägemessers vorsichtig ein.

Dreierlei Crostini

Für 4 Personen oder 24 Stück
*Für die Pfifferlingmischung
(für 8 Scheiben):*
200 g kleine feste Pfifferlinge
2 Tomaten
1 EL braune Butter (siehe S. 20)
mildes Chilisalz
gemahlener Kümmel
1 Msp. abgeriebene
unbehandelte Zitronenschale
1 EL Petersilie
(frisch geschnitten)

*Für die Paprika-Oliven-Mischung
(für 8 Scheiben):*
1 rote Spitzpaprikaschote
50 g schwarze Oliven (entsteint)
3 Frühlingszwiebeln
1 EL mildes Olivenöl
1/2 Knoblauchzehe (in Scheiben)
1 Scheibe Ingwer
getrockneter Oregano
mildes Chilisalz

*Für die Rettich-Speck-Mischung
(für 8 Scheiben):*
80 g Frühstücksspeck · 1 EL Öl
250 g weißer Rettich
1/2 TL Salz · 1 EL Schnittlauch
(frisch geschnitten)
1/2–1 EL mildes Olivenöl

Außerdem:
4 Laugenstangen
3–4 EL mildes Olivenöl

1 Für die Pfifferlingmischung die Pilze ganz kurz waschen, abtropfen lassen und putzen. Gegebenenfalls etwas zerkleinern. Die Tomaten waschen, vierteln, entkernen und in kleine Würfel schneiden.

2 Die braune Butter in einer Pfanne erhitzen und die Pfifferlinge darin 1 bis 2 Minuten anbraten. Vom Herd nehmen, mit Chilisalz, 1 Prise Kümmel und Zitronenschale würzen, die Petersilie hinzufügen. Alles in eine Schüssel füllen, die Tomaten untermischen und die Pfifferlingmischung mit Chilisalz abschmecken.

3 Für die Paprika-Oliven-Mischung die Paprikaschote längs halbieren, entkernen, waschen und in kleine Würfel schneiden. Die Oliven vierteln. Die Frühlingszwiebeln putzen, waschen und in feine Ringe schneiden. Das Olivenöl in einer Pfanne erhitzen und die Paprikawürfel darin mit Knoblauch, Ingwer und 1 Prise Oregano andünsten. Die Frühlingszwiebeln dazugeben und die Pfanne vom Herd nehmen. Die Ingwerscheibe entfernen. Die Oliven unterrühren und die Paprika-Oliven-Mischung mit Chilisalz würzen.

4 Für die Rettich-Speck-Mischung den Speck in kleine Würfel schneiden. Das Öl in einer Pfanne erhitzen und den Speck darin bei mittlerer Hitze knusprig braten. In ein Sieb abgießen und auf Küchenpapier abtropfen lassen. Den Rettich putzen, schälen und in 1/2 cm große Würfel schneiden. In einer Schüssel mit dem Salz mischen und 5 Minuten ziehen lassen. Den austretenden Saft abgießen. Den Rettich mit Speck, Schnittlauch und Olivenöl mischen und gegebenenfalls nachwürzen.

5 Die Laugenstangen schräg in 24 etwa 1 cm dicke Scheiben schneiden. Das Olivenöl in einer Pfanne erhitzen und die Brotscheiben darin bei mittlerer Hitze auf beiden Seiten rösten.

6 Die drei Mischungen jeweils auf 8 geröstete Laugenbrotscheiben verteilen. Die Crostini auf einer Platte anrichten und nach Belieben etwas Pfeffer darübermahlen.

Flammkuchen
mit Lachs und Garnelen

Für 4 Personen

Für den Teig:
250 g Mehl
¼ Würfel Hefe (ca. 10 g)
2 EL Olivenöl
1 gestr. TL Salz
Olivenöl für das Blech
Mehl für die Arbeitsfläche

Für den Belag:
1 TL gelbe Senfkörner
300 g saure Sahne
½ TL scharfer Senf
1 EL Sahnemeerrettich
(aus dem Glas) · mildes Chilisalz

Außerdem:
⅓ kleine Salatgurke
80 g junger Spinat
1 EL Gewürzbutter (siehe S. 20)
1–2 EL gemischte Kräuter
(z. B. Kerbel, Petersilie, Basilikum; frisch geschnitten)
5 EL Gemüsebrühe · Chilisalz
100 g gegarte Garnelen
(küchenfertig)
1 TL Zitronensaft
2 TL mildes Olivenöl
150 g Räucherlachs (in Scheiben)
2 EL Forellenkaviar
1 EL Meerrettichspäne
(frisch gehobelt)
1–2 EL Dillspitzen
(frisch geschnitten)

1 Für den Teig das Mehl in eine Schüssel sieben und in die Mitte eine Mulde drücken. 5 EL Wasser leicht erwärmen und die Hefe darin auflösen. Die Mischung in die Mulde geben und mit etwas Mehl verrühren. Das Olivenöl, das Salz und 7 EL Wasser dazugeben und alles zu einem glatten Teig verkneten. Den Hefeteig mit Frischhaltefolie zugedeckt an einem warmen Ort 30 Minuten gehen lassen.

2 Für den Belag die Senfkörner in einem kleinen Topf in Wasser 10 bis 15 Minuten köcheln, in ein Sieb abgießen, kalt abschrecken und gut abtropfen lassen. Die saure Sahne mit den Senfkörnern, dem Senf und dem Meerrettich verrühren und mit Chilisalz würzen.

3 Den Backofen auf 210 °C vorheizen. Ein Backblech mit Olivenöl einfetten. Den Hefeteig auf der bemehlten Arbeitsfläche auf die Größe des Backblechs ausrollen und das Blech mit dem Teig auslegen. Die Senfsahne gleichmäßig auf dem Teig verstreichen, dabei einen 1 cm breiten Rand frei lassen. Den Flammkuchen im Ofen auf der untersten Schiene etwa 20 Minuten goldbraun backen.

4 Die Gurke schälen, längs halbieren, entkernen und quer in dünne Scheiben schneiden. Spinat verlesen, waschen und trocken schleudern.

5 Die Gewürzbutter in einer Pfanne erhitzen und die Gurke darin bei milder Hitze andünsten. Den Spinat mit den Kräutern dazugeben, kurz erhitzen und die Brühe hinzufügen. Mit Chilisalz würzen.

6 Die Garnelen in einem Sieb kalt abbrausen und abtropfen lassen. Mit dem Zitronensaft und dem Olivenöl marinieren. Den Räucherlachs in Stücke schneiden.

7 Das Gurken-Spinat-Gemüse, die marinierten Garnelen und die Lachsstücke auf dem Flammkuchen verteilen. Den Forellenkaviar dazwischensetzen. Die Meerrettichspäne darüberstreuen und mit den Dillspitzen garnieren.

Flammkuchen
mit Zwiebeln und Speck

1 Für den Teig das Mehl in eine Schüssel sieben und in die Mitte eine Mulde drücken. 5 EL Wasser leicht erwärmen und die Hefe darin auflösen. Die Mischung in die Mulde geben und mit etwas Mehl verrühren. Das Olivenöl, das Salz und 7 EL Wasser dazugeben und alles zu einem glatten Teig verkneten. Den Hefeteig mit Frischhaltefolie zugedeckt an einem warmen Ort 30 Minuten gehen lassen.

2 Für den Belag die Zwiebeln schälen und in Streifen schneiden. In einer Pfanne 1 EL Öl erhitzen und die Zwiebeln darin andünsten. Mit der Brühe ablöschen und einköcheln lassen. Die Tomaten kreuzweise einritzen, überbrühen, kalt abschrecken, häuten, vierteln und entkernen. Die Tomatenviertel in 1 cm große Würfel schneiden. Die saure Sahne mit Salz, Chilipulver und Bohnenkraut würzen.

3 Den Backofen auf 210 °C vorheizen. Ein Backblech mit Olivenöl einfetten. Den Hefeteig auf der bemehlten Arbeitsfläche auf die Größe des Backblechs ausrollen und das Blech mit dem Teig auslegen. Kümmel, Koriander, Pfeffer und Zimt in einer Gewürzmühle mischen und den Teig etwas damit würzen. Die saure Sahne gleichmäßig auf dem Teig verstreichen, dabei einen 1 cm breiten Rand frei lassen. Die Zwiebeln und die Tomaten darauf verteilen und den Flammkuchen im Ofen auf der untersten Schiene etwa 20 Minuten goldbraun backen.

4 Den Speck in 2 cm breite Streifen schneiden. Das restliche Öl in einer Pfanne erhitzen und den Speck darin kross braten. Aus der Pfanne nehmen und auf Küchenpapier abtropfen lassen.

5 Den Salat waschen und trocken schleudern. Die Radieschen putzen, waschen und in dünne Scheiben hobeln. Für die Vinaigrette die Brühe mit Senf, Essig und Olivenöl verrühren und mit Salz, Pfeffer und 1 Prise Zucker würzen. Die Salatblätter und die Radieschen mit 1 bis 2 EL Vinaigrette marinieren – die restliche Vinaigrette anderweitig verwenden, sie hält sich gekühlt 2 Wochen. Den Salat auf dem frisch gebackenen Flammkuchen verteilen und mit dem knusprigen Speck bestreuen.

Für 4 Personen
Für den Teig:
250 g Mehl
1/4 Würfel Hefe (ca. 10 g)
2 EL Olivenöl
1 gestr. TL Salz
Olivenöl für das Blech
Mehl für die Arbeitsfläche

Für den Belag:
3 Zwiebeln
2 EL Öl
100 ml Gemüsebrühe
2 Tomaten
300 g saure Sahne
Salz · mildes Chilipulver
1 TL getrocknetes Bohnenkraut
je 1 TL ganzer Kümmel, Koriander- und schwarze Pfefferkörner
1 Splitter Zimtrinde (zerbröselt)
200 g Frühstücksspeck
(in Scheiben)

Außerdem:
50 g kleine Salatblätter (geputzt)
3–4 Radieschen
70 ml Gemüsebrühe
1/2 TL scharfer Senf
1–2 EL Rotweinessig
3 EL mildes Olivenöl
Salz · Pfeffer aus der Mühle
Zucker

Flammkuchen
mit Hähnchen und Avocado

Für 4 Personen

Für den Teig:

250 g Mehl

¼ Würfel Hefe (ca. 10 g)

2 EL Olivenöl

1 gestr. TL Salz

Olivenöl für das Blech

Mehl für die Arbeitsfläche

Für den Belag:

300 g saure Sahne

1 TL fein gehacktes Zitronengras

1 TL mildes Currypulver · Salz

Außerdem:

2 kleine Hähnchenbrustfilets

(à 120 g; mit Haut)

3 EL Gewürzöl (siehe S. 21)

Salz · Pfeffer aus der Mühle

1 kleine feste Avocado

5 EL Weißbrotbrösel

¼ reife Mango

1 kleine reife Papaya

2 EL Kokos-Chips

2 EL eingelegter Ingwer

(in Streifen)

Basilikumblätter zum Garnieren

1 Für den Teig das Mehl in eine Schüssel sieben und in die Mitte eine Mulde drücken. 5 EL Wasser leicht erwärmen und die Hefe darin auflösen. Die Mischung in die Mulde geben und mit etwas Mehl verrühren. Das Olivenöl, das Salz und 7 EL Wasser dazugeben und alles zu einem glatten Teig verkneten. Den Hefeteig mit Frischhaltefolie zugedeckt an einem warmen Ort 30 Minuten gehen lassen.

2 Den Backofen auf 210°C vorheizen. Ein Backblech mit Olivenöl einfetten. Für den Belag die saure Sahne mit Zitronengras, Currypulver und Salz verrühren.

3 Den Hefeteig auf der bemehlten Arbeitsfläche auf die Größe des Backblechs ausrollen und das Blech mit dem Teig auslegen. Die saure Sahne gleichmäßig auf dem Teig verstreichen, dabei einen 1 cm breiten Rand frei lassen. Den Flammkuchen im Ofen auf der untersten Schiene etwa 20 Minuten goldbraun backen.

4 Die Hähnchenbrustfilets waschen und trocken tupfen. In einer Pfanne 1 EL Gewürzöl erhitzen. Die Filets darin auf der Hautseite bei milder Hitze etwa 6 Minuten braten, wenden und auf der Fleischseite 1 Minute braten. Die Pfanne vom Herd nehmen und die Filets in der Resthitze weitere 5 Minuten ziehen lassen. Das Fleisch mit Salz und Pfeffer würzen und in 1 cm breite Streifen schneiden.

5 Die Avocado halbieren und den Kern entfernen. Die Avocadohälften schälen und in Spalten schneiden, mit Salz würzen und in den Weißbrotbröseln wenden. Das restliche Gewürzöl in einer Pfanne erhitzen und die Avocadospalten darin bei mittlerer Hitze auf beiden Seiten goldbraun braten. Aus der Pfanne nehmen und auf Küchenpapier abtropfen lassen.

6 Die Mango vom Stein schneiden und schälen, das Fruchtfleisch in dünne Scheiben schneiden. Die Papaya halbieren, entkernen, schälen und in 1 cm große Würfel schneiden. Die Kokos-Chips in einer Pfanne ohne Fett hell rösten.

7 Hähnchenbruststreifen, Avocadospalten, Mangoscheiben, Papayawürfel und eingelegten Ingwer auf dem Flammkuchen verteilen, die Kokos-Chips darüberstreuen und mit Basilikum garnieren.

Braune Butter

1 Die Butter in einen Topf geben und nach Belieben mit einem Löffel etwas zerkleinern. Die Butter bei milder Hitze langsam zerlassen. Dann etwa 10 Minuten köcheln lassen, bis sie goldbraun ist.

2 Ein Sieb mit einem Stück Küchenpapier auslegen. Die Butter schöpflöffelweise in das Sieb gießen und in einer Schüssel auffangen. Die braune Butter abkühlen lassen und in ein gut verschließbares Glas füllen. Im Kühlschrank hält sie sich etwa 8 Wochen.

Gewürzbutter

1 Aus der Butter wie oben beschrieben braune Butter zubereiten und durch ein mit einem Stück Küchenpapier ausgelegtes Sieb gießen.

2 Den Knoblauch schälen und in Scheiben schneiden. Die Knoblauchscheiben mit dem Ingwer, der Vanilleschote und dem Zimt in die Butter legen und darin ziehen lassen, solange die Butter warm und noch flüssig ist.

3 Die Gewürze wieder entfernen. Die Gewürzbutter zum Aufbewahren in ein gut verschließbares Glas füllen und kühl stellen.

Mein Tipp: Braune Butter oder Gewürzbutter können Sie auf Vorrat zubereiten, sie hält sich zugedeckt mehrere Wochen im Kühlschrank. Gekühlt wird sie hart, ähnlich wie Butterschmalz. Bei Bedarf mit einem kleinen Messer etwas davon abstechen, bei milder Hitze zerlassen und je nach Rezept weiterverwenden.

Gewürzöl

1 Das Öl in einem Topf bei milder Hitze leicht erwärmen. Den Knoblauch schälen und in Scheiben schneiden.

2 Den Knoblauch mit dem Ingwer, der Vanilleschote und dem Zimt in das Öl legen und mindestens 30 Minuten darin ziehen lassen. Die Gewürze bleiben im Öl, bis es aufgebraucht ist.

Für 200 ml

200 ml mildes Pflanzenöl
(z. B. Olivenöl)
1 Knoblauchzehe
2 Scheiben Ingwer
¼ ausgekratzte Vanilleschote
2 Splitter Zimtrinde

Kräutersalz

1 Das Bohnenkraut mit dem Majoran, dem Thymian, dem Rosmarin und dem Oregano im Blitzhacker oder im Mörser fein mahlen.

2 Die fein gemahlenen Kräuter mit dem Salz vermischen und in ein gut verschließbares Glas füllen.

Für 100 g

1 TL getrocknetes Bohnenkraut
je 1 TL getrockneter Majoran,
Thymian, Rosmarin und Oregano
100 g feines trockenes Meer-
oder Steinsalz

Mein Tipp: Kräutersalz eignet sich hervorragend zum Würzen von gebratenem, gedämpftem und gedünstetem Gemüse sowie von Salaten. Außerdem können Sie damit Füllungen aus Fleisch, Reis, Couscous und Gemüse wunderbar verfeinern. Auch Suppen und Eintöpfe bekommen mit dem Salz eine kräuterwürzige Note.

Safran-Vinaigrette

Für ca. 650 ml Vinaigrette

100 g Fenchel
1 dünne Stange Staudensellerie
¹/₂ rote Zwiebel (ca. 70 g)
1 Tomate
4 EL mildes Olivenöl
¹/₂ TL Tomatenmark
3 EL Weißwein
2–3 EL Weißweinessig
¹/₂ l Gemüsebrühe
¹/₂ Döschen Safranfäden
(0,05 g)
¹/₂ TL fein geriebener Knoblauch
1 Msp. fein geriebener Ingwer
¹/₂ TL Anislikör (z. B. Pernod)
Salz · Zucker
mildes Chilipulver
1 Zweig Thymian

1 Den Fenchel und den Staudensellerie putzen, waschen und in kleine Würfel schneiden. Die Zwiebel schälen und in feine Würfel schneiden. Die Tomate kreuzweise einritzen, überbrühen, kalt abschrecken, häuten, vierteln und entkernen. Die Tomatenviertel in Würfel schneiden.

2 In einem kleinen Topf 1 EL Olivenöl erhitzen, die Fenchel-, Sellerie- und Zwiebelwürfel darin bei milder Hitze andünsten. Das Tomatenmark hineinrühren, kurz anrösten und mit dem Wein ablöschen. Den Essig und die Brühe hinzufügen und knapp unter dem Siedepunkt 10 Minuten ziehen lassen.

3 Die Tomatenwürfel mit Safran, Knoblauch, Ingwer, Likör und dem übrigen Olivenöl dazugeben und alles mit Salz sowie je 1 Prise Zucker und Chilipulver würzen. Den gewaschenen Thymian hinzufügen und einige Minuten ziehen lassen, dann wieder entfernen. Die Safran-Vinaigrette in kleine Flaschen oder Schraubgläser füllen und gekühlt aufbewahren.

Mein Tipp: Die Vinaigrette hält gekühlt etwa 2 Wochen. Sie passt bestens zu gebratenem oder gedämpftem Fisch – ob im Ganzen oder als Filet –, außerdem zu Oktopus, Garnelen und Muscheln. Dazu die Vinaigrette leicht erwärmen, die Fische oder die Meeresfrüchte auf Tellern anrichten und mit der Vinaigrette beträufeln.

Kräuterrührei

Für 2 Personen

1 Frühlingszwiebel
1 EL Gewürzbutter (siehe S. 20)
4 Eier
1–2 EL gemischte Kräuter
(z. B. Kerbel, Petersilie, Basili-
kum, Kresse, Schnittlauch,
Estragon; frisch geschnitten)
frisch geriebene Muskatnuss
mildes Chilisalz

1 Die Frühlingszwiebel putzen, waschen und in feine Ringe schneiden.

2 Die Gewürzbutter in einer Pfanne bei milder Hitze zerlassen. Die Eier vorsichtig aufschlagen, nebeneinander in die Pfanne gleiten lassen und bei milder Hitze wie Spiegeleier stocken lassen.

3 Sobald das Eiweiß zu stocken beginnt, die Frühlingszwiebel und die Kräuter dazugeben, die Pfanne vom Herd nehmen und die Eier verrühren. Das Kräuterrührei mit je 1 Prise Muskatnuss und Chilisalz würzen und nochmals rühren. Das Rührei auf vorgewärmten Tellern anrichten.

Rührei mit Räucherfisch

Für 2 Personen

150 g Räucherfischfilet
(z. B. Forelle)
1 Rezept »Kräuterrührei«
(siehe oben)
75 g Schmand
1–2 EL Milch
½ EL Sahnemeerrettich
(aus dem Glas)
einige Tropfen Zitronensaft
Salz · Pfeffer aus der Mühle
Chilipulver · Zucker

1 Den Backofen auf 60 °C vorheizen. Räucherfischfilet auf einen ofenfesten Teller legen und im Ofen auf der mittleren Schiene erwärmen.

2 Inzwischen das Kräuterrührei wie oben beschrieben zubereiten. Den Räucherfisch aus dem Ofen nehmen und in Stücke zerteilen.

3 Einen Metallring (etwa 6 cm Durchmesser) auf einen vorgewärmten Teller setzen, die Hälfte des Kräuterrühreis hineinsetzen und die Hälfte der Räucherfischstücke darauf verteilen. Den Metallring wieder entfernen. Auf diese Weise einen weiteren Teller anrichten.

4 Den Schmand mit der Milch und dem Sahnemeerrettich verrühren und mit Zitronensaft, Salz, Pfeffer, Chilipulver und 1 Prise Zucker würzen. Den Meerrettichdip um das Rührei herumträufeln.

Eiertörtchen mit Garnelen

1 Für die Törtchen den Backofen auf 150°C vorheizen. Vier Tarteförmchen (à 10 cm Durchmesser) einfetten und den Boden jeweils mit Backpapier auslegen.

2 Die Paprikaschoten längs halbieren, entkernen und waschen. Den Zucchino putzen und waschen, die Champignons putzen und trocken abreiben. Das vorbereitete Gemüse in kleine Würfel schneiden. Die Schalotten schälen und in feine Würfel schneiden.

3 Die Gewürzbutter in einer Pfanne bei mittlerer Hitze zerlassen und die Gemüsewürfel darin mit den Schalotten andünsten. Mit 1 Prise Oregano, Chilisalz und Muskatnuss kräftig würzen und auf die Förmchen verteilen. Die Eier mit der Milch verquirlen und über das Gemüse gießen.

4 Die Eiertörtchen im Ofen auf der mittleren Schiene etwa 25 Minuten goldbraun backen. Herausnehmen, kurz ruhen lassen und mit einem kleinen Messer vom Rand lösen.

5 Für die Garnelen die Riesengarnelen schälen, am Rücken entlang einschneiden und den dunklen Darm entfernen. Die Garnelen waschen, trocken tupfen und der Länge nach halbieren. In einer Pfanne 1 EL Gewürzbutter erhitzen und die Garnelen darin bei mittlerer Hitze auf jeder Seite knapp 1 Minute anbraten. Die Pfanne vom Herd nehmen und die Garnelen in der Resthitze weitere 1 bis 2 Minuten ziehen lassen. Das Currypulver darüberstäuben und mit Chilisalz würzen. Die restliche Gewürzbutter dazugeben und die Garnelen darin wenden.

6 Die Eiertörtchen auf vorgewärmte Teller stürzen und das Backpapier entfernen. Die Garnelenhälften daneben anrichten. Nach Belieben mit Feldsalat und Thymianzweigen garnieren.

Für 4 Personen
Für die Törtchen:
1 kleine rote Paprikaschote
1/2 kleine gelbe Paprikaschote
100 g Zucchino
80 g Champignons
100 g Schalotten
1 EL Gewürzbutter (siehe S. 20)
getrockneter Oregano
mildes Chilisalz
frisch geriebene Muskatnuss
4 Eier
4 EL Milch (oder Sahne)

Für die Garnelen:
8 Riesengarnelen
5 EL Gewürzbutter
mildes Currypulver
mildes Chilisalz

Außerdem:
Butter für die Förmchen

Gebackener Obatzda mit Radieschen-Salsa

Für 4 Personen

Für den Obatzdn:

5 Frühlingszwiebeln
250 g reifer Camembert
250 g Frischkäse
2 LL braune Butter (siehe S. 20)
Salz
mildes Chilipulver
gemahlener Kümmel
1 Eiweiß
mildes Chilisalz
1 Päckchen Strudelteig
(300 g; aus dem Kühlregal)
Öl zum Frittieren

Für die Salsa:

1 Bund Radieschen
Salz
3 kleine Frühlingszwiebeln
1 EL mildes Olivenöl
bunter Pfeffer aus der Mühle
(je 1 TL schwarze und grüne Pfefferkörner, zerbrochener Langer
Pfeffer, Sichuanpfeffer)

1 Für den Obatzdn die Frühlingszwiebeln putzen, waschen und in feine Ringe schneiden. Den Camembert klein schneiden und in einer Schüssel mit dem Frischkäse, der braunen Butter und den Frühlingszwiebelringen vermischen. Den Obatzdn mit Salz, je 1 Prise Chilipulver und Kümmel würzen und bis zur Weiterverwendung kühl stellen.

2 Für die Salsa die Radieschen putzen und gründlich waschen, in etwa ½ cm große Stücke schneiden und salzen. Die Frühlingszwiebeln putzen, waschen und in feine Ringe schneiden. Die Radieschen und die Frühlingszwiebeln mit dem Olivenöl mischen und mit dem bunten Pfeffer würzen.

3 Das Eiweiß mit Chilisalz würzen und verquirlen. Den Strudelteig auf der Arbeitsfläche ausbreiten und mit dem Eiweiß bestreichen. In 15 x 15 cm große Blätter schneiden. 2 TL Obatzdn jeweils an dem Rand einer Schmalseite verteilen und in den Strudelteig einrollen. Etwas flach drücken und die Ränder nach unten einschlagen.

4 In einem Topf etwa 4 cm hoch Öl gießen und auf 200°C erhitzen. Die Käsepäckchen darin portionsweise schwimmend etwa 1 Minute hell ausbacken. Mit dem Schaumlöffel herausnehmen, auf Küchenpapier kurz abtropfen lassen und noch warm mit der Radieschen-Salsa servieren.

Mein Tipp: Statt Strudelteig können Sie auch fertig gekauften Yufka- oder Filoteig verwenden. Damit der Teig formbar bleibt und nicht austrocknet, sollten Sie ihn sofort nach dem Öffnen der Packung verarbeiten.

Hähnchenspieße
mit Erdnuss-Chili-Sauce

Für 4 Personen
Für die Sauce:
⅛ l Hühnerbrühe
1–2 EL Kokosmilch
100 g Erdnusscreme
(aus dem Glas)
Salz · mildes Chilipulver

Für die Spieße:
2 Hähnchenbrustfilets
(à 120 g; ohne Haut)
200 g gemischtes Gemüse
(z. B. Zwiebel, Weißkohl, Mini-
Maiskolben, Cocktailtomaten,
Zucchini, Pilze)
1–2 EL braune Butter
(siehe S. 20)
mildes Chilisalz

1 Für die Sauce die Brühe mit der Kokosmilch in einem kleinen Topf erhitzen. Die Erdnusscreme mit dem Schneebesen unterrühren und die Sauce mit Salz und 1 Prise Chilipulver würzen.

2 Für die Spieße die Hähnchenbrustfilets waschen, trocken tupfen und in mundgerechte Würfel schneiden. Das Gemüse putzen, schälen bzw. waschen und in etwa 2 cm große Würfel oder Stücke schneiden. Die Hähnchenwürfel abwechselnd mit den Gemüsestücken auf Holzspieße stecken.

3 Die braune Butter in einer Pfanne erhitzen und die Spieße darin bei mittlerer Hitze rundum einige Minuten braten. Die Pfanne vom Herd nehmen und die Hähnchenspieße in der Resthitze noch etwas ziehen lassen. Auf Küchenpapier kurz abtropfen lassen und mit Chilisalz würzen. Die Hähnchenspieße mit der Erdnuss-Chili-Sauce servieren.

Mein Tipp: Servieren Sie die Hähnchenspieße auch mal mit einem Wasabi-Dip: Dafür 80 g Frischkäse, 100 g Naturjoghurt, 100 g saure Sahne, 1 EL Omega-3-Öl (z. B. Leinöl) und 1 TL Wasabipaste verrühren. Mit 1 Msp. Vanillemark und mildem Chilisalz würzen.

Krabbencocktail mit Avocado

1 Die Gurke schälen, längs halbieren und entkernen. Die Gurkenhälften quer in ½ cm breite Stücke schneiden. Die Tomaten kreuzweise einritzen, überbrühen, kalt abschrecken, häuten, vierteln und entkernen. Die Tomatenviertel in Spalten schneiden.

2 Die Zwiebel schälen und in Streifen schneiden. Die Kichererbsen in ein Sieb abgießen und abtropfen lassen. Mit der Gurke, den Tomaten, der Zwiebel, der Zitronenschale, dem -saft und dem Olivenöl vermischen. Mit rot-grünem Chilisalz würzen.

3 Für den Dip Schmand mit Senf, Ketchup und Cognac verrühren und mit Zucker und Chilisalz würzen.

4 Die Avocado halbieren und den Kern entfernen. Die Avocadohälften schälen, in Spalten schneiden und leicht mit Salz würzen. Die Avocadospalten in den Weißbrotbröseln wenden. Die braune Butter in einer Pfanne erhitzen und die Avocadospalten darin bei mittlerer Hitze auf beiden Seiten goldbraun braten. Zimt, Vanilleschote und Knoblauch dazugeben. Die Krabben in einem Sieb kalt abbrausen und abtropfen lassen. Zu den Avocadospalten geben und erwärmen.

5 Den Dip auf Teller verteilen, den Salat darauf anrichten, die Avocadospalten und Krabben daraufgeben.

Für 4 Personen

1 Salatgurke
2 Tomaten
1 rote Zwiebel
100 g Kichererbsen
(aus der Dose)
1 Msp. abgeriebene
unbehandelte Zitronenschale
einige Tropfen Zitronensaft
2–3 EL Olivenöl
rot-grünes Chilisalz mit Vanille
200 g Schmand
1–2 TL scharfer Senf
1–2 TL Tomatenketchup
1 EL Cognac
Zucker · Chilisalz
1 reife feste Avocado · Salz
5 EL Weißbrotbrösel
1–2 EL braune Butter
(siehe S. 20)
1 Splitter Zimtrinde
1 Stück ausgekratzte
Vanilleschote
1 Knoblauchzehe (in Scheiben)
250 g gegarte Krabben
(küchenfertig)

Mein Tipp: Für diesen Krabbencocktail eignen sich vor allem Krabben mit der Handelsbezeichnung »Crevettes« (französisch für »Krabben«). Sie sind größer als z. B. Nordseekrabben und haben eine frische Farbe. Da sie bereits vorgegart verkauft werden, sollte man sie auf keinen Fall braten oder kochen, sondern lediglich erwärmen. So bleiben sie schön knackig.

Gemüserolle mit Chili-Dip

Für 4 Personen
Für den Dip:
20 g Speisestärke
1 mittelscharfe rote Chilischote
½ Knoblauchzehe
20 g Zucker
1 EL Honig · 1 TL Salz
3 EL Weißweinessig
1 TL Tomatenmark
½ TL fein gehackter Ingwer
200 g Frischkäse
Chilipulver

Für die Fladen:
300 g Mehl
1 TL Backpulver · ½ TL Salz
je ½ TL Bohnenkraut, Oregano,
Majoran, Thymian und Rosmarin
(alles getrocknet)
225 ml Milch
Mehl für die Arbeitsfläche
Olivenöl für die Pfanne

Außerdem:
4 Blätter Chinakohl (ca. 150 g)
je ½ kleine rote und
orangefarbene Paprikaschote
½ Salatgurke
1 kleine reife Avocado
1–2 EL gemischte Kräuter
(z. B. Basilikum, Petersilie;
frisch geschnitten)

1 Für den Dip die Speisestärke mit etwa 75 ml kaltem Wasser glatt rühren. Die Chilischote längs halbieren, entkernen, waschen und in feine Würfel schneiden. Den Knoblauch schälen und ebenfalls in feine Würfel schneiden.

2 In einem Topf 300 ml Wasser mit Chilischote, Knoblauch, Zucker, Honig, Salz, Essig, Tomatenmark und Ingwer aufkochen lassen, das Stärkewasser hineinrühren und unter Rühren knapp 2 Minuten leicht köcheln lassen. Mit dem Stabmixer pürieren und abkühlen lassen.

3 Den Frischkäse in einer Schüssel mit der Hälfte der Chilisauce verrühren, mit Salz und etwas Chilipulver würzen. Die restliche Chilisauce anderweitig verwenden.

4 Für die Fladen das Mehl mit dem Backpulver in eine Schüssel sieben, mit dem Salz und den getrockneten Kräutern mischen und mit der Milch mit den Knethaken des Handrührgeräts zu einem glatten Teig verkneten. Den Teig in 8 Portionen teilen, zu Kugeln formen, in Frischhaltefolie wickeln und 30 Minuten ruhen lassen.

5 Anschließend die Teigkugeln auf der bemehlten Arbeitsfläche zu möglichst dünnen Fladen ausrollen. Eine Pfanne bei mittlerer Hitze erwärmen und dünn mit Olivenöl bestreichen. Die Tortillafladen darin nacheinander jeweils 1 bis 2 Minuten leicht bräunen, wenden und auf der zweiten Seite ebenfalls kurz backen. Die Fladen nach dem Backen aufeinanderlegen, damit sie nicht austrocknen.

6 Den Chinakohl waschen, trocken tupfen und in Streifen schneiden. Die Paprikaschoten entkernen, waschen und in Streifen schneiden. Die Gurke schälen und in dünne Scheiben hobeln. Die Avocado halbieren und den Kern entfernen, die Hälften schälen und in Würfel schneiden.

7 Die Tortillafladen mit etwas Chili-Dip bestreichen, mit Chinakohl, Paprika, Gurke, Avocado und den Kräutern belegen und mit Salz würzen. Den unteren Tortillarand leicht nach oben schlagen und dann die Fladen von einer Seite her nicht zu fest aufrollen. Den restlichen Chili-Dip dazu servieren.

Gewürz-Forellen-Strudel
mit Schnittlauchsauce

Für 4 Personen

Für die Strudel:

*150 g Forellenfilet (ohne Haut
und Gräten) · 150 g Sahne
1/2–1 TL scharfer Senf · rot-grünes Chilisalz mit Vanille
1/2 TL mildes Currypulver
je 1 TL ganzer Kümmel, Korian-
der-, schwarze Pfeffer- und
gelbe Senfkörner
8 Strudelteigblätter
(à ca. 14 x 14 cm;
aus dem Kühlregal)
4–6 EL flüssige braune Butter
(siehe S. 20) zum Bestreichen und
für die Form
120 g Lachsfilet
(ohne Haut und Gräten)
Salz · Pfeffer aus der Mühle*

Für die Sauce:

*150 g Crème fraîche
4–5 EL Gemüsebrühe
1 TL scharfer Senf
1–2 EL Schnittlauchröllchen
1 EL Zitronensaft
1 Msp. abgeriebene
unbehandelte Zitronenschale
frisch geriebene Muskatnuss
mildes Chilisalz*

1 Für die Strudel das Forellenfilet waschen, trocken tupfen und in Würfel schneiden. Mit der Sahne 5 bis 10 Minuten in das Tiefkühlfach stellen. Dann das Fischfilet mit Senf, 1 Prise rot-grünem Chilisalz und Currypulver in den Blitzhacker geben. Etwas anmixen, bis die Masse leicht bindet. Die eiskalte Sahne nach und nach untermixen, dabei darauf achten, dass die Sahne erst vollständig gebunden ist, bevor weitere Sahne hinzugefügt wird. Die Farce sollte glatt und glänzend sein.

2 Den Backofen auf 170°C vorheizen. Die Gewürze mischen und in eine Gewürzmühle füllen. 4 Strudelteigblätter nebeneinander auf die Arbeitsfläche legen, mit etwas brauner Butter bestreichen und die Gewürze darübermahlen. Die restlichen Teigblätter um 45 Grad gedreht darauflegen. Die oberen Blätter ebenfalls mit etwas Butter bestreichen. Die doppelten Strudelteigblätter in die gefetteten Vertiefungen einer Muffinform legen, die Enden überhängen lassen. Etwas Fischfarce hineingeben.

3 Das Lachsfilet waschen und trocken tupfen, in 4 gleich große Würfel schneiden, mit Salz und Pfeffer würzen und auf die Farce legen. Die restliche Fischfarce daraufstreichen. Die Strudelpäckchen nicht verschließen und im Ofen auf der mittleren Schiene etwa 15 Minuten backen. Anschließend aus der Muffinform herauslösen.

4 Für die Sauce die Crème fraîche mit der Brühe, dem Senf, dem Schnittlauch sowie dem Zitronensaft und der -schale verrühren und mit etwas Muskatnuss und Chilisalz würzen.

5 Nach Belieben 1 bis 2 Handvoll Kopfsalat- oder Gemüseblätter waschen, trocken tupfen und mit 1 EL Dill mischen. Mit etwas Zitronensaft, Olivenöl und Chilisalz marinieren. Fischstrudel auf vorgewärmte Teller setzen. Den Salat oben in den Strudelöffnungen anrichten. Die Schnittlauchsauce dazu servieren.

Gebratene Jakobsmuscheln auf Dattel-Lauch-Salat

1 Für den Salat den Lauch putzen, waschen und in etwa ½ cm breite Scheiben schneiden. In kochendem Salzwasser 1 bis 2 Minuten blanchieren, in ein Sieb abgießen, kalt abschrecken und abtropfen lassen.

2 Die Datteln häuten und entkernen. Die Orangen so großzügig schälen, dass auch die weiße Haut mit entfernt wird. Die Filets zwischen den Trennhäuten mit einem scharfen Messer herausschneiden, dabei den austretenden Saft auffangen.

3 Für die Muscheln die Jakobsmuscheln waschen und trocken tupfen. Die braune Butter in einer Pfanne erhitzen und die Muscheln darin bei mittlerer Hitze knapp ½ Minute anbraten. Die Jakobsmuscheln wenden, die Pfanne vom Herd nehmen und die Muscheln in der Resthitze der Pfanne noch etwa ½ Minute ziehen lassen. Anschließend aus der Pfanne nehmen und auf einen vorgewärmten Teller legen.

4 Den Bratensatz in der Pfanne mit der Brühe ablöschen, den Orangensaft und Ras-el-Hanout hineinrühren. Die Butter dazugeben und schmelzen lassen. Die Jakobsmuscheln wieder in die Pfanne geben, in der Sauce erwärmen und mit Chilisalz würzen.

5 Den Lauch, die Datteln und die Orangenfilets auf Tellern anrichten. Die Jakobsmuscheln halbieren und je 2 Jakobsmuschelhälften auf den Salat setzen. Mit der Sauce beträufeln und mit etwas Kaffeesalz bestreuen.

Für 4 Personen
Für den Salat:
1 Stange Lauch
100 g getrocknete Datteln
2 kernlose Orangen

Für die Muscheln:
4 Jakobsmuscheln (küchenfertig; ohne Coraille)
1–2 TL braune Butter (siehe S. 20)
50 ml Gemüsebrühe
2–3 EL Orangensaft
1 TL Ras-el-Hanout (marokk. Gewürzmischung)
1 EL Butter
Chilisalz
arabisches Kaffeesalz (z. B. von Alfons Schuhbeck; siehe S. 119)

Mein Tipp: Kaffeesalz können Sie auch einfach selbst herstellen: Dafür 100 g naturbelassenes Meer- oder Steinsalz mit 1 gestr. EL gemahlenen Kaffeebohnen, je ¼ TL Vanillepulver, frisch geriebener Zimtrinde und frisch gemahlenem Pfeffer und je ⅛ TL gemahlenem Kardamom, Nelken- und Pimentpulver sowie 1 Prise frisch geriebener Muskatnuss mischen. Mit Kaffeesalz verfeinere ich z. B. auch gebratenes Geflügel und gebratenes Kalb-, Rind- oder Lammfleisch.

Sülze von der Pfeffermakrele mit Senfgurken

Für 8 Personen
Für die Senfgurken
(5 Gläser à 200 ml):
750 g Salatgurken · 1 Zwiebel
5 Scheiben Ingwer · 5 Stiele Dill
1 Lorbeerblatt (in 5 Stücken)
milde Chiliflocken
2 TL gelbe Senfkörner
je ½ TL Korianderkörner und
Fenchelsamen
180 ml milder Weißweinessig
110 g Zucker · 1 TL Salz

Für den Geleespiegel:
6 Blatt Gelatine
ca. 200 ml Gemüsebrühe
1 EL Weißweinessig · Salz · Zucker
1 EL geschroteter bunter Pfeffer
(zu gleichen Teilen schwarze Pfefferkörner, Pimentkörner, Sichuanpfeffer, rosa Pfefferbeeren,
grüne Pfefferkörner und
Kubebenpfeffer)
1 EL Dill (frisch geschnitten)

Für die Makrelenmousse
(8 Weckgläser à 100–150 ml):
7 Blatt Gelatine
1 geräuchertes Makrelenfilet
(mit Haut, ohne Gräten)
400 ml Gemüsebrühe
2 EL Sahnemeerrettich
einige Tropfen Zitronensaft · Salz
Zucker · 200 g geschlagene Sahne

1 Mindestens 2 Tage im Voraus für die Senfgurken den Backofen auf 175 °C vorheizen. Ein tiefes Backblech auf die unterste Schiene schieben und etwa 2 cm hoch mit Wasser füllen. Gurken schälen, längs halbieren, entkernen und in 1 bis 1 ½ cm breite Stücke schneiden. Zwiebel schälen und in dünne Streifen schneiden. Die Gurken mit den Zwiebelstreifen mischen und in Twist-off-Gläser füllen. Je 1 Ingwerscheibe, Dillstiel und Lorbeerblattstück hinzufügen. Einige Chiliflocken sowie Senf- und Korianderkörner und Fenchelsamen darauf verteilen.

2 Den Essig mit 300 ml Wasser, Zucker und Salz aufkochen. Den Sud auf die Gläser verteilen, diese mit den Deckeln gut verschließen und in das Wasserbad stellen. Die Gurken im Ofen etwa 30 Minuten pasteurisieren. Den Ofen ausschalten und die Gläser weitere 30 Minuten darin stehen lassen. Dann bei Zimmertemperatur auskühlen lassen und die Senfgurken mindestens 2 Tage, besser 2 Wochen durchziehen lassen.

3 Für den Geleespiegel Gelatine in kaltem Wasser einweichen. Zwei Senfgurkengläser öffnen und die Gurken abgießen, dabei den Fond auffangen (restliche Senfgurken anderweitig verwenden). Gurkenfond mit der Brühe auf 400 ml auffüllen und in einem Topf erwärmen. Gelatine ausdrücken und in dem Fond auflösen, mit Essig, Salz und Zucker würzen. Lauwarmen Fond etwa ½ cm hoch in 8 Einmachgläser füllen. Die Hälfte des Pfeffers und des Dills darauf verteilen und die Gläser 20 bis 30 Minuten in den Kühlschrank stellen. Den restlichen Fond aufbewahren.

4 Für die Mousse die Gelatine in kaltem Wasser einweichen. Das Makrelenfilet in 2 bis 3 Stücke schneiden. Die Brühe einmal aufkochen und vom Herd nehmen. Die Filetstücke etwa 10 Minuten darin ziehen lassen und wieder herausnehmen. Gelatine ausdrücken und im warmen Räucherfischsud auflösen. Den Sud mit Meerrettich, Zitronensaft, Salz und 1 Prise Zucker würzen. Auf Eiswasser kalt rühren, bis er zu gelieren beginnt. Sahne unterheben und Mousse, falls nötig, noch nachwürzen.

5 Die Mousse auf den Geleespiegel in die Gläser füllen und im Kühlschrank 10 bis 20 Minuten fest werden lassen. Anschließend das restliche Gurkengelee etwa ½ cm hoch darauf verteilen und den übrigen Pfeffer und Dill daraufgeben. Mindestens 2 Stunden kühl stellen. Stürzen und mit den Senfgurken servieren.

Perlhuhnpastete
mit Ingwer-Gurken-Dip

Für 2 Gläser à 200 ml

Für die Pastete:

¹/₂ EL getrocknete
Totentrompeten
100 g gekochter Hinterschinken
(am Stück)
2 EL grob gehackte Pistazien
180 g Sahne
180 g Perlhuhnbrustfilet
(ohne Haut) · Salz
1 TL Cognac · 1 TL Mandellikör
(z. B. Amaretto)
¹/₂ TL Pastetengewürz
(z. B. von Alfons Schuhbeck;
siehe S. 119)
1 Msp. frisch geriebene
Muskatnuss
1 TL abgeriebene unbehandelte
Orangenschale
Pfeffer aus der Mühle
mildes Chilipulver

Für den Dip:

¹/₄ Salatgurke · Salz
1 TL eingelegter Ingwer
100 g Frischkäse
50 g saure Sahne
1 EL Kerbel (frisch geschnitten)
milde Chiliflocken
je 1 Msp. abgeriebene
unbehandelte Orangen-
und Limettenschale

1 Für die Pastete die Totentrompeten in einem Topf mit Wasser aufkochen, vom Herd nehmen und 10 bis 15 Minuten ziehen lassen. Die Pilze in ein Sieb abgießen, abtropfen lassen und nicht zu fein schneiden. Den Schinken in ¹/₂ cm große Würfel schneiden und mit den Pistazien und den Totentrompeten mischen.

2 Den Backofen auf 100°C vorheizen. Ein tiefes Backblech auf die unterste Schiene schieben und etwa 1 cm hoch Wasser einfüllen.

3 Die Sahne ins Tiefkühlfach stellen. Die Perlhuhnbrust waschen, trocken tupfen und in kleine Würfel schneiden. Das Fleisch kräftig mit Salz würzen, ebenfalls ins Tiefkühlfach geben und 5 Minuten anfrieren lassen. Dann das Fleisch mit Cognac und Mandellikör in den Blitzhacker geben und mit dem Pastetengewürz, Muskatnuss, der Orangenschale, Pfeffer und 1 Prise Chilipulver würzen. Etwas anmixen, bis die Masse leicht bindet. Die eiskalte Sahne nach und nach untermixen, dabei darauf achten, dass die Sahne erst vollständig gebunden ist, bevor weitere Sahne hinzugefügt wird. Die Farce sollte glatt und leicht glänzend sind.

4 Die Schinken-Pilz-Mischung unter die Farce mischen und in einen Spritzbeutel ohne Tülle füllen. Die Farce in geradwandige Twist-off-Gläser füllen, dann die Gläser auf einem Küchentuch etwas klopfen, damit sich die Masse setzt und Luft entweichen kann. Mit den Deckeln verschließen und die Pastete im Ofen im Wasserbad etwa 1 Stunde garen. Die Gläser herausnehmen und auskühlen lassen. Die Pastete im Kühlschrank aufbewahren – sie hält sich etwa 2 Wochen.

5 Für den Dip die Gurke schälen und längs halbieren. Die Gurkenhälften entkernen und in kleine Würfel schneiden. In kochendem Salzwasser 1 Minute garen, in ein Sieb abgießen, kalt abschrecken und abtropfen lassen. Den eingelegten Ingwer in kleine Würfel schneiden. Den Frischkäse mit der sauren Sahne verrühren, die Gurkenwürfel, den Ingwer und den Kerbel unterrühren. Den Dip mit Salz, 1 Prise Chiliflocken sowie der Orangen- und Limettenschale würzen.

6 Die Perlhuhnpastete zum Servieren mit einem Messer vom Rand lösen, aus den Gläsern stürzen und mit dem Ingwer-Gurken-Dip auf Tellern anrichten.

Rote-Bete-Salat
mit Garnelen und Birne

Für 4 Personen
Für den Salat:
2 kleine Rote-Bete-Knollen
(à 150 g) · Salz
2 TL ganzer Kümmel
1 kleine Zwiebel
350 ml Gemüsebrühe
2–3 EL Rotweinessig
je 1 TL Korianderkörner,
schwarze Pfefferkörner und
Fenchelsamen
1/2 TL Zimtsplitter
Chilisalz · Zucker
3 EL mildes Olivenöl

Für die Garnelen:
8 Riesengarnelen
3 EL braune Butter (siehe S. 20)
1/2 Knoblauchzehe (in Scheiben)
1/2–1 EL eingelegter Ingwer
1 Splitter Zimtrinde
2–3 grüne Kardamomkapseln
1/2 ausgekratzte Vanilleschote
mildes Chilisalz

Für die Birne:
3 Frühlingszwiebeln
1 reife feste Birne
1 TL Puderzucker

Außerdem:
4 doppelte Matjesfilets

1 Für den Salat die Roten Beten in kochendem Salzwasser mit 1 TL Kümmel etwa 1 Stunde weich garen. In ein Sieb abgießen, kalt abschrecken und schälen. Die Knollen halbieren und in dünne Spalten schneiden (dabei am besten Einweghandschuhe tragen). Die Zwiebel schälen und ebenfalls in dünne Spalten schneiden.

2 Für die Marinade die Brühe in einem Topf erwärmen und mit dem Essig in einer Schüssel verrühren. Den Koriander, den Pfeffer, den Fenchel, die Zimtsplitter und den restlichen Kümmel in eine Gewürzmühle füllen und die Marinade damit kräftig würzen. Mit Chilisalz und 1 Prise Zucker abschmecken. Das Olivenöl unterrühren und alles in eine Schüssel geben. Die Roten Beten und die Zwiebelspalten hinzufügen und das Gemüse mehrere Stunden (am besten über Nacht) durchziehen lassen.

3 Für die Garnelen die Riesengarnelen schälen, am Rücken entlang einschneiden und den schwarzen Darm entfernen. Die Garnelen waschen, trocken tupfen und von der dicken Seite her bis zur Hälfte einschneiden. In einer Pfanne 1 EL braune Butter bei milder Hitze zerlassen und die Garnelen darin auf jeder Seite knapp 1 Minute anbraten. Die Pfanne vom Herd nehmen und die Garnelen in der Resthitze weitere 1 bis 2 Minuten ziehen lassen. Den eingelegten Ingwer abtropfen lassen und klein schneiden. Mit dem Knoblauch, den Gewürzen und der restlichen braunen Butter dazugeben und kurz ziehen lassen. Die Garnelen mit Chilisalz würzen.

4 Für die Birne die Frühlingszwiebeln putzen, waschen und halbieren. Die Birne waschen, vierteln und das Kerngehäuse entfernen. Die Birnenviertel in Spalten schneiden. Den Puderzucker in eine Pfanne stäuben und bei mittlerer Hitze leicht karamellisieren. Die Birnenspalten hinzufügen und auf beiden Seiten anbraten. Die Frühlingszwiebeln hinzufügen und kurz mitdünsten.

5 Die Matjesfilets waschen und trocken tupfen. Den Rote-Bete-Salat leicht abtropfen lassen und auf Teller verteilen. Die Matjesfilets und die Garnelen darauf anrichten, mit den Birnenspalten und Frühlingszwiebeln garnieren.

Gewürzpasteten mit Kürbis-Linsen-Salat und Barbarie-Ente

1 Für den Salat die Linsen abgießen und jeweils in etwa 300 ml Brühe 20 bis 25 Minuten mehr ziehen als köcheln lassen. Abgießen, kalt abschrecken, abtropfen lassen und in eine Schüssel geben. Die Kürbis-Einlegeflüssigkeit mit restlicher Brühe, Senf und Essig, etwas Zucker und Chilisalz verrühren, beide Ölsorten mit dem Stabmixer unterschlagen. Kürbis in etwa 1/2 cm große Würfel schneiden. Zwiebel schälen, in feine Würfel schneiden und in kochendem Salzwasser blanchieren. Kürbis, Zwiebel und Pistazien mit der Marinade unter die Linsen mischen.

2 Für die Pasteten die Gewürze in eine Gewürzmühle füllen. Backofen auf 210°C vorheizen. Den Blätterteig auf der bemehlten Arbeitsfläche etwa 3 mm dick ausrollen. Die Mischung aus der Mühle grob darübermahlen, etwas andrücken. Aus dem Teig 12 Kreise (à 8 cm Durchmesser) ausstechen. 4 Teigkreise auf ein mit Backpapier ausgelegtes Backblech legen, mit kaltem Wasser bestreichen. Aus den restlichen 8 Kreisen kleinere Kreise (à 6 1/2 cm) ausstechen – so entstehen 8 Teigringe. 4 Ringe auf die 4 großen Teigkreise legen, mit Wasser bestreichen und die restlichen Ringe darauflegen. Teigboden in der Mitte mit einer Gabel einstechen, kleine Teigkreise (Deckel) auf dem Blech mehrmals einstechen.

3 Das Eigelb mit der Sahne verquirlen. Die obersten Teigringe und die Deckel damit bestreichen – das Eigelb sollte an den Seiten nicht herunterlaufen. Pasteten im Ofen auf der mittleren Schiene 10 bis 15 Minuten backen. Die Teigreste in lange Streifen (1 x 20 cm) schneiden. Mit der Eigelbsahne bestreichen, mit dem Parmesan bestreuen und spiralförmig aufdrehen. Im Ofen etwa 8 Minuten goldbraun backen.

4 Backofen auf 100°C herunterschalten, ein Ofengitter auf die mittlere Schiene und darunter ein Abtropfblech schieben. Die Haut der Entenbrust rautenförmig einritzen. In einer Pfanne mit der Hautseite nach unten etwa 5 Minuten braten, kurz wenden und auf dem Gitter im Ofen mit der Haut nach oben etwa 50 Minuten garen, salzen und pfeffern.

5 Für den Dip Crème fraîche mit Portwein, Orangensaft und -schale verrühren, mit Zucker und Chilisalz würzen. Linsen-Kürbis-Salat in die Pasteten füllen und auf Teller setzen. Dip darum herumträufeln, mit Feldsalat garnieren. Entenbrust in Scheiben schneiden, nach Belieben mit Zimt bestäuben, mit Käsestangen und Pastetendeckeln dazu anrichten.

Für 4 Personen
(siehe Foto S. 8–9)
Für den Salat:
je 50 g Berg-, Beluga- und Champagnerlinsen (je 2 Stunden eingeweicht) · ca. 1 l Gemüsebrühe 50 ml Kürbis-Einlegeflüssigkeit 1 TL scharfer Senf · 1–2 EL Rotweinessig · Zucker · Chilisalz 3 EL Olivenöl · 1 EL Traubenkernöl · 100 g eingelegter Kürbis (aus dem Glas; abgetropft) 1 kleine Zwiebel · Salz 1 EL Pistazien

Für die Pasteten:
je 1 EL Koriander- und schwarze Pfefferkörner · 1 Splitter Zimtrinde 1/2 TL Fenchelsamen 500 g Blätterteig (aus dem Kühlregal) · Mehl für die Arbeitsfläche · 1 Eigelb · 1 EL Sahne 1–2 EL geriebener Parmesan

Außerdem:
1 große Barbarie-Entenbrust (350–400 g; gewaschen) Salz · Pfeffer aus der Mühle 100 g Crème fraîche 1 TL weißer Portwein 1 EL Orangensaft 1 Msp. abgeriebene unbehandelte Orangenschale · Zucker · Chilisalz · Feldsalat zum Garnieren

Rosa gebratener Kalbsrücken mit Thunfisch im Sesammantel

Für 4 Personen

Für den Kalbsrücken:
1 EL Öl · 750 g Kalbsrücken
Salz · Pfeffer aus der Mühle

Für die Sauce:
1 gen. EL Speisestärke
1–2 TL Honig · 50 g Zucker
1 TL Salz · 1 TL Tomatenmark
1/2 Knoblauchzehe (fein gehackt)
1/2 TL fein gehackter Ingwer
1/4–1/2 Stängel Zitronengras
(fein gehackt)
je 1 Msp. abgeriebene unbehandelte Zitronen- und Orangenschale · 3 EL Weißweinessig
1–2 TL milde Chiliflocken

Für den Thunfisch:
200 g rotes Thunfischsteak
ca. 3 EL helle Sesamsamen
2 EL Öl

Außerdem:
75 ml Weißwein · 2 Stangen
Staudensellerie · Salz
100 g Mehl · 25 g Speisestärke
1 EL Olivenöl · je 1 TL grüne Kardamomkapseln, Bockshornklee,
Zimtsplitter, ganzer Kümmel und
Korianderkörner
Pfeffer aus der Mühle
Öl zum Frittieren
1 kleine Mango

1 Für den Kalbsrücken den Backofen auf 100 °C vorheizen, ein Ofengitter auf die mittlere Schiene und darunter ein Abtropfblech schieben. Das Öl in einer Pfanne erhitzen und den Kalbsrücken darin bei mittlerer Hitze rundum anbraten. Auf das Ofengitter legen und im Ofen etwa 1 1/4 Stunden rosa garen. Anschließend mit Salz und Pfeffer würzen.

2 Für die Sauce die Speisestärke mit etwa 75 ml kaltem Wasser verrühren. 300 ml Wasser mit Honig, Zucker, Salz, Tomatenmark, Knoblauch, Ingwer und Zitronengras aufkochen, das Stärke-Wasser hineinrühren und bei milder Hitze unter Rühren knapp 2 Minuten köcheln. Die Zitronen- und Orangenschale, den Essig und die Chiliflocken hinzufügen.

3 Den Thunfisch in 2 bis 3 cm große Würfel schneiden und im Sesam wenden. Das Öl in einer Pfanne erhitzen und die Thunfischwürfel darin bei mittlerer Hitze rundum anbraten.

4 Den Wein und 120 ml Wasser ins Tiefkühlfach stellen. Den Sellerie putzen und waschen, längs halbieren und in 2 bis 3 cm lange Stücke schneiden. In kochendem Salzwasser bissfest blanchieren, in ein Sieb abgießen und kalt abschrecken. Den Sellerie auf ein Küchentuch geben und gut abtropfen lassen.

5 Das Mehl mit der Speisestärke mischen, mit dem eiskalten Wein und Wasser sowie dem Olivenöl verrühren. Die Gewürze mischen und in eine Gewürzmühle füllen. Den Teig mit der Mischung, Salz und Pfeffer würzen. Das Öl in einem Topf auf 175 °C erhitzen. Die Selleriestücke durch den Teig ziehen und im Öl etwa 2 Minuten goldbraun ausbacken. Herausnehmen und auf Küchenpapier abtropfen lassen.

6 Von der Mango eine Hälfte am Stein entlang mit einem scharfen Messer abschneiden. Die zweite Hälfte ebenfalls vom Stein schneiden. Die Mangohälften schälen und das Fruchtfleisch in Spalten schneiden. Den Kalbsrücken in Scheiben schneiden und auf vorgewärmte Teller verteilen. Die Thunfischwürfel halbieren und auf dem Fleisch anrichten. Die Chilisauce darum herumträufeln. Mit dem gebackenen Sellerie, den Mangospalten und nach Belieben mit Feldsalat garnieren.

Maronensuppe mit Portwein und Schokolade

Für 4 Personen

Für die Suppe:

1 TL Puderzucker
50 ml roter Portwein
800 ml Geflügelfond
350 g gegarte Maronen
(vakuumverpackt)
200 g Sahne
½ TL gehackte Zartbitter-
kuvertüre
¼ ausgekratzte Vanilleschote
1 Msp. abgeriebene
unbehandelte Orangenschale
3 EL kalte Butter
Salz
mildes Chilipulver

Für die Einlage:

80 g gegarte Maronen
(vakuumverpackt)
80 g Champignons
8 Rosenkohlröschen · Salz
1 EL Gewürzbutter (siehe S. 20)
mildes Chilisalz

Für die Croûtons:

1 Scheibe Toastbrot
1 EL Butter

1 Für die Suppe den Puderzucker in einen Topf sieben und bei mittlerer Hitze karamellisieren. Mit dem Portwein ablöschen und auf ein Drittel einköcheln lassen.

2 Den Fond mit den Maronen in einem zweiten Topf aufkochen. Die Sahne hinzufügen und alles mit dem Stabmixer pürieren. Den eingekochten Portwein und die Kuvertüre zur Suppe geben. Die Vanilleschote hinzufügen, in der Suppe 1 bis 2 Minuten ziehen lassen und wieder entfernen. Die Orangenschale dazugeben und die kalte Butter mit dem Stabmixer unterrühren. Die Maronensuppe mit Salz und Chilipulver würzen.

3 Für die Einlage die Maronen vierteln. Die Champignons putzen, trocken abreiben und halbieren. Vom Rosenkohl die äußeren Blätter entfernen und die restlichen Blätter einzeln ablösen. Die Rosenkohlblätter in kochendem Salzwasser etwa 2 Minuten bissfest blanchieren, in ein Sieb abgießen, kalt abschrecken und abtropfen lassen.

4 Die Gewürzbutter in einer Pfanne bei mittlerer Hitze zerlassen und die Champignons darin kurz anbraten. Die Maronen und die Rosenkohlblätter dazugeben, erwärmen und mit Chilisalz würzen.

5 Für die Croûtons das Toastbrot in kleine Würfel schneiden. Die Butter in einer zweiten Pfanne bei milder Hitze zerlassen und die Brotwürfel darin rundum rösten.

6 Zum Servieren die Maroneneinlage mittig auf vorgewärmte tiefe Teller verteilen. Die Maronensuppe nochmals aufschäumen und in die Teller füllen. Die Suppe mit den Croûtons bestreuen.

Mein Tipp: Die Kombination aus Portwein und Schokolade verleiht der Suppe das besondere Etwas und intensiviert zudem noch ihre Farbe.

Thai-Curry mit Koriander und Kokos-Chips

1 Die Zwiebel schälen, den Staudensellerie putzen und waschen. Die Cocktailtomaten waschen. Das vorbereitete Gemüse in kleine Stücke schneiden. Vom Zitronengras die äußeren Blätter und die obere trockene Hälfte entfernen. Das Zitronengras in Scheiben schneiden. Das Limettenblatt waschen, trocken tupfen und in feine Streifen schneiden. Den Apfel halbieren, entkernen, schälen und in kleine Würfel schneiden. Die Banane schälen und in Scheiben schneiden.

2 Zwiebel und Sellerie in einem Topf bei mittlerer Hitze in 1 EL brauner Butter andünsten. Tomaten, Zitronengras, Limettenblatt, Apfel, Banane, Knoblauch, Limettenschale und die Gewürze hinzufügen und kurz mitdünsten. Mit Brühe und Kokosmilch aufgießen, bis alles bedeckt ist, und 15 bis 20 Minuten mehr ziehen als kochen lassen. Zimt und Vanilleschote wieder entfernen. Die Sauce mit dem Stabmixer pürieren und durch ein nicht zu feines Sieb passieren.

3 Die Speisestärke mit wenig kaltem Wasser glatt rühren. In die köchelnde Sauce rühren, bis sie leicht sämig ist, und 1 bis 2 Minuten köcheln lassen.

4 Die Hähnchenbrustfilets waschen, trocken tupfen und in mundgerechte Würfel schneiden. In einer weiten Pfanne 1 EL braune Butter erhitzen und die Fleischwürfel darin bei mittlerer Hitze etwa 1 Minute hell anbraten. Mit der passierten Sauce ablöschen, die Pfanne vom Herd nehmen und das Fleisch einige Minuten saftig durchziehen lassen. Mit Salz und 1 Prise Chiliflocken würzen.

5 Den Spargel waschen, halbieren und in kochendem Salzwasser bissfest blanchieren. In ein Sieb abgießen, kalt abschrecken und abtropfen lassen. Die Shiitakepilze putzen, trocken abreiben und je nach Größe klein schneiden. Die restliche braune Butter in einer Pfanne erhitzen und die Pilze darin anbraten. Den Spargel hinzufügen und kurz darin erwärmen. Das Gemüse mit Salz würzen und zum Thai-Curry geben.

6 Die Kokos-Chips in einer Pfanne ohne Fett hell rösten. Das Thai-Curry auf vorgewärmte Schälchen verteilen, mit den Kokos-Chips und den Korianderblättern bestreuen.

Für 4 Personen

1 kleine Zwiebel
¹/₂ Stange Staudensellerie
3 Cocktailtomaten
1 Stängel Zitronengras
1 Kaffir-Limettenblatt
¹/₂ Apfel
1 Banane
3 EL braune Butter (siehe S. 20)
2 Knoblauchzehen (halbiert)
3–4 Streifen unbehandelte Limettenschale
1 EL Koriander (frisch geschnitten)
4–5 Scheiben Ingwer
¹/₃ Zimtrinde
4–5 grüne Kardamomkapseln
¹/₂ Vanilleschote
1 geh. TL mildes Currypulver
600 ml Hühnerbrühe
150 ml Kokosmilch
1 EL Speisestärke
4 Hähnchenbrustfilets (à 120 g; ohne Haut)
milde Chiliflocken
1 Bund Thai-Spargel · Salz
150 g Shiitakepilze
1–2 EL Kokos-Chips
Korianderblätter zum Garnieren

Asiatische Suppe
mit Chili und Zitronengras

Für 4 Personen
Für die Suppe:

2 Hähnchenkeulen (à 200 g)
1 EL Öl · 2 l Gemüsebrühe
2¹/₂ Zwiebeln · 1 Tomate
200 g Knollensellerie
1 Karotte
einige Stiele Petersilie
1–2 EL getrocknete Champignons
je ¹/₂–1 TL Koriander- und
Pimentkörner
2 Lorbeerblätter
2–3 Wacholderbeeren
¹/₂ Stange Lauch
2 Stängel Zitronengras
3 Curryblätter
3 getrocknete rote Chilischoten
1 Knoblauchzehe (in Scheiben)
5 Scheiben Galgant (oder Ingwer)

Für die Einlage:

50 g Mu-Err-Pilze
1 Stange Staudensellerie
1 kleine rote Paprikaschote
50 g kleine Champignons
1 Stängel Zitronengras
2 Knoblauchzehen (in Scheiben)
3 Scheiben Ingwer
Currypulver
1 frische rote Chilischote
Salz · 100 g gegarter Reis

1 Für die Suppe die Hähnchenkeulen waschen, trocken tupfen und in einer Pfanne im Öl auf beiden Seiten kurz anbraten. Die Keulen in einen großen Topf geben, die Brühe angießen, langsam aufkochen und knapp unter dem Siedepunkt etwa 1 Stunde ziehen lassen.

2 Eine Zwiebel halbieren und in einer unbeschichteten Pfanne ohne Fett auf der Schnittfläche bräunen. Die restlichen Zwiebeln schälen und in feine Würfel schneiden. Die Tomate waschen und vierteln, dabei den Stielansatz entfernen. Den Knollensellerie und die Karotte putzen, schälen und in Stücke schneiden. Nach 30 Minuten das vorbereitete Gemüse, die gewaschenen Petersilienstiele, die getrockneten Champignons, den Koriander, den Piment, die Lorbeerblätter und die Wacholderbeeren zu den Hähnchenkeulen geben. Den Lauch putzen, waschen und in knapp 2 cm große Stücke schneiden. Das Zitronengras waschen, längs halbieren und nach 45 Minuten mit dem Lauch, den gewaschenen Curryblättern, den getrockneten Chilischoten, den Knoblauch- und Galgantscheiben in die Suppe geben.

3 Am Ende der Garzeit die Hähnchenkeulen herausnehmen und die Brühe vorsichtig durch ein feines Sieb gießen. Die Keulen häuten, das Fleisch von den Knochen lösen und in kleine Stücke zupfen.

4 Für die Einlage die Mu-Err-Pilze in warmem Wasser etwa 15 Minuten einweichen. Abgießen, abtropfen lassen und klein schneiden. Den Sellerie putzen, waschen und schräg in Scheiben schneiden. Die Paprikaschote längs halbieren, entkernen und waschen, mit dem Sparschäler schälen und in etwa 1¹/₂ cm große Würfel schneiden. Die Champignons putzen, trocken abreiben und in Scheiben schneiden.

5 Das vorbereitete Gemüse in einen Topf geben, mit der heißen Brühe auffüllen und am Siedepunkt 5 Minuten ziehen lassen. Das Hähnchenfleisch in die Brühe geben. Das Zitronengras waschen, längs einschneiden und mit dem Knoblauch, dem Ingwer, 1 Prise Currypulver und der gewaschenen Chilischote ebenfalls hinzufügen und etwas ziehen lassen. Die Suppe mit Salz abschmecken, Zitronengras, Ingwer und Chili wieder entfernen. Den Reis auf vorgewärmte Suppenschalen verteilen und die Asia-Suppe angießen. Nach Belieben mit Erdnüssen bestreuen.

Lauwarmer Saibling
auf Schwarzwurzelgemüse

Für 4 Personen
Für den Saibling:
4 Saiblingsfilets (à 100 g;
ohne Haut und Gräten)
1 EL Gewürzöl (siehe S. 21)
mildes Chilisalz

Für das Gemüse:
2 festkochende Kartoffeln · Salz
500 g Schwarzwurzeln
2 EL Zitronensaft
80 ml Gemüsebrühe
frisch geriebene Muskatnuss
1 Stück Zimtrinde
6 EL Gewürzbutter (siehe S. 20)
2 Tomaten
1/2 ausgekratzte Vanilleschote
mildes Chilisalz
je 1 Msp. abgeriebene
unbehandelte Zitronen- und
Orangenschale

Außerdem:
4 Walnüsse
Kerbel- und Basilikumblätter
zum Garnieren

1 Für den Saibling den Backofen auf 70°C vorheizen. Die Filets waschen, trocken tupfen und halbieren, die dünnen Endstücke jeweils nach unten klappen. Ein Backblech mit dem Gewürzöl bestreichen, die Saiblingsfilets darauflegen und im Ofen auf der mittleren Schiene 10 bis 15 Minuten garen. Die Filets nach 8 Minuten wenden und zum Schluss mit Chilisalz würzen.

2 Für das Gemüse die Kartoffeln schälen, waschen und in 1/2 bis 1 cm große Würfel schneiden. Kartoffeln in Salzwasser 3 bis 5 Minuten garen, in ein Sieb abgießen und gut abtropfen lassen.

3 Die Schwarzwurzeln unter fließendem kaltem Wasser gründlich abbürsten, schälen und nach dem Schälen sofort in eine Schüssel mit Wasser und Zitronensaft geben, damit sie hell bleiben. Die Schwarzwurzeln schräg in Scheiben schneiden und in einer Pfanne in der Brühe 5 bis 10 Minuten weich dünsten. Mit Salz und 1 Prise Muskatnuss würzen und etwas Zimt darüberreiben.

4 In einer Pfanne 1 EL Gewürzbutter erhitzen. Die Kartoffelwürfel darin goldbraun braten und mit Salz würzen. Die Tomaten kreuzweise einritzen, überbrühen, kalt abschrecken, häuten, vierteln, entkernen und in kleine Würfel schneiden. Die restliche Gewürzbutter in einer Pfanne zerlassen, die Vanilleschote hinzufügen. Die Tomaten darin erwärmen und mit Chilisalz, 1 Prise Zimt, Zitronen- und Orangenschale würzen.

5 Die Schwarzwurzeln auf vorgewärmten Tellern anrichten, die Tomaten- und die Kartoffelwürfel darum herumverteilen. Den Saibling mittig daraufsetzen und mit etwas Tomaten-Butter-Sauce beträufeln. Die Walnüsse darüberhobeln und mit Kerbel und Basilikum garnieren.

Mein Tipp: Zum Schälen der Schwarzwurzeln sollten Sie unbedingt Einweghandschuhe anziehen – ihr Saft ist sehr klebrig und kann zudem die Hände verfärben.

Gebackener Steckerlfisch
auf Limettenspinat

1 Für den Spinat die Schwarzwurzel unter fließendem kaltem Wasser gründlich abbürsten, schälen und schräg in etwa ½ cm dicke Scheiben schneiden. In kochendem Salzwasser bissfest blanchieren, in ein Sieb abgießen, kalt abschrecken und abtropfen lassen.

2 Den Spinat verlesen, waschen und trocken schleudern. Eine Pfanne bei mittlerer Hitze erwärmen und den Spinat darin mit dem Knoblauch und der Vanilleschote etwas zusammenfallen lassen. Mit der Brühe ablöschen. Die Butter und die Limettenschale hinzufügen und alles mit Chilisalz würzen. Die Schwarzwurzel dazugeben, erwärmen und gegebenenfalls etwas nachwürzen.

3 Für den Fisch die Eier trennen. Das Mehl mit Bier und Eigelben glatt rühren. 1 Prise Bohnenkraut, Rosmarin, Thymian und Oregano hinzufügen. Den Koriander und den Kümmel in eine Gewürzmühle füllen und den Bierteig mit der Mischung, Muskatnuss und rot-grünem Chilisalz würzen. Zuletzt die braune Butter unterrühren. Die Eiweiße mit 1 Prise Salz zu einem cremigen Schnee schlagen. Den Eischnee unter den Teig heben.

4 Reichlich Öl in einem Topf auf 160 bis 170°C erhitzen. Die Fischfilets waschen, trocken tupfen und mit Zitronensaft beträufeln. Auf Holzspieße stecken und durch den Backteig ziehen. Im Öl 3 bis 4 Minuten goldbraun ausbacken, dabei einmal wenden. Herausnehmen und auf Küchenpapier abtropfen lassen.

5 Für die Sauce die Senfkörner in kochendem Wasser 5 bis 10 Minuten weich garen. In ein Sieb abgießen und abtropfen lassen. Die Brühe und die Sahne in einem Topf aufkochen und beide Senfsorten unterrühren. Die Senfkörner und die Limettenschale hinzufügen, die Butter dazugeben und schmelzen lassen.

6 Den Limettenspinat auf Teller verteilen und die Steckerlfische darauf anrichten. Die Senfsauce darum herumträufeln.

Für 4 Personen
Für den Spinat:
1 Schwarzwurzel · Salz
500 g Babyspinat
1 Knoblauchzehe (in Scheiben)
1 Stück ausgekratzte Vanilleschote
3 EL Gemüsebrühe · 1 EL Butter
abgeriebene Schale von
1 unbehandelten Limette
Chilisalz

Für den Fisch:
2 Eier · 100 g Mehl · 150 ml Bier
getrocknetes Bohnenkraut
½ TL Rosmarin (frisch geschnitten) · je 1 TL getrockneter Thymian und Oregano · je 1 TL Korianderkörner und ganzer Kümmel
frisch geriebene Muskatnuss
rot-grünes Chilisalz mit Vanille
4 EL flüssige braune Butter (siehe S. 20) · Salz · Öl zum Frittieren
8 Forellenfilets (ohne Haut und Gräten; ersatzweise Saiblings-, Zander- oder Makrelenfilets)
einige Tropfen Zitronensaft

Für die Sauce:
1–2 TL gelbe Senfkörner · 100 ml Gemüsebrühe · 100 g Sahne
je 1 EL scharfer Senf und Weißwurstsenf · 1 Msp. abgeriebene unbehandelte Limettenschale
1–2 EL kalte Butter

Zander auf Paprikakraut mit Zitronenschmand

Für 4 Personen

Für das Kraut:

2 rote Paprikaschoten
1 junger Weißkohl (ca. 1 kg)
100 ml Gemüsebrühe
1 Knoblauchzehe · Salz
je ½ TL ganzer Kümmel und
getrockneter Majoran
½ TL abgeriebene
unbehandelte Zitronenschale
½ TL Paprikapulver (edelsüß)
1–2 EL Petersilie
(frisch geschnitten)
1 EL Butter · Chilisalz

Für den Zitronenschmand:

5 EL Gemüsebrühe
knapp ½ TL gemahlene
Kurkuma · ½ TL abgeriebene
unbehandelte Zitronenschale
einige Tropfen Zitronensaft
200 g Schmand · Chilisalz

Für den Zander:

500 g Zanderfilet (mit Haut,
ohne Gräten) · 1 EL Öl
mildes Chilisalz

1 Für das Kraut die Paprikaschoten längs halbieren, entkernen und waschen. Die Paprikahälften mit dem Sparschäler schälen und in Rauten schneiden. Den Weißkohl in einzelne Blätter teilen, waschen und ebenfalls in Rauten oder in feine Streifen schneiden. Die Brühe in einem Topf erhitzen, den Kohl hinzufügen und kurz dünsten. Die Paprikarauten dazugeben und mit dem Kohl 2 bis 3 Minuten bissfest garen.

2 Den Knoblauch schälen, fein schneiden und mit etwas Salz im Morser zerreiben. Kümmel, Majoran und Zitronenschale untermischen. Die Würzpaste mit dem Paprikapulver unter das Kraut rühren. Die Petersilie zum Paprikakraut geben und die Butter darin schmelzen lassen. Das Paprikakraut mit Chilisalz würzen.

3 Für den Zitronenschmand die Brühe in einem Topf erwärmen und die Kurkuma darin auflösen. Die Kurkumabrühe mit der Zitronenschale und dem -saft unter den Schmand rühren. Mit Chilisalz würzen.

4 Das Zanderfilet waschen, trocken tupfen und in 8 Stücke schneiden. Das Öl in einer Pfanne erhitzen und die Fischstücke darin bei mittlerer Hitze zuerst auf der Hautseite 3 bis 4 Minuten knusprig anbraten. Den Fisch mit Chilisalz würzen, wenden und die Pfanne vom Herd nehmen. Die Fischstücke in der Resthitze durchziehen und dann kurz auf Küchenpapier abtropfen lassen.

5 Das Paprikakraut auf vorgewärmte Teller verteilen. Je 2 Fischstücke darauf anrichten und nach Belieben mit Schnittlauch oder knusprig gebratenen Frühstücksspeckscheiben garnieren. Den Zitronenschmand dazu servieren.

49

Rigatoni mit Lachs
und grünem Spargel

Für 4 Personen

350 g Rigatoni
Salz
4 Scheiben Ingwer
1 getrocknete rote Chilischote
2–3 EL mildes Olivenöl
300 g grüner Spargel
2 Tomaten
50 g getrocknete Tomaten
(in Öl eingelegt)
40 g grüne Oliven (entsteint)
150 g Austernpilze
1 EL braune Butter (siehe S. 20)
rot-grünes Chilisalz mit Vanille
350 ml Gemüsebrühe
2 Knoblauchzehen (in Scheiben)
frisch geriebene Muskatnuss
1/2 ausgekratzte Vanilleschote
Chiliflocken
80 g Sahne
200 g Räucherlachs (in Scheiben)
Kerbelblätter zum Garnieren

1 Die Rigatoni in reichlich kochendem Salzwasser mit 2 Ingwerscheiben und der Chilischote 3 bis 4 Minuten kürzer, als in der Packungsanweisung angegeben, garen, dabei gelegentlich umrühren. Die Nudeln in ein Sieb abgießen und kurz abtropfen lassen. Auf einem Tablett ausbreiten, ausdampfen lassen und mit dem Olivenöl vermischen. Die ganzen Gewürze entfernen.

2 Den Spargel waschen, nur im unteren Drittel schälen und die holzigen Enden entfernen. Den Spargel längs und quer halbieren und in kochendem Salzwasser einige Minuten bissfest garen. In ein Sieb abgießen, kalt abschrecken und abtropfen lassen. Die Tomaten kreuzweise einritzen, überbrühen, kalt abschrecken, häuten, vierteln und entkernen. Die Tomatenviertel in Spalten schneiden. Die getrockneten Tomaten abtropfen lassen und in Streifen schneiden, die Oliven halbieren. Die Austernpilze putzen, trocken abreiben und in Stücke schneiden.

3 Die braune Butter in einer Pfanne erhitzen und die Austernpilze darin bei mittlerer Hitze anbraten. Die Spargelstücke mit den Tomatenspalten, den getrockneten Tomaten und den Oliven dazugeben und kurz mitbraten. Mit Chilisalz würzen.

4 Die Brühe in einer zweiten tiefen Pfanne erhitzen, die restlichen Ingwerscheiben, den Knoblauch, 1 Prise Muskatnuss, die Vanilleschote und 1 Prise Chiliflocken dazugeben. Die Nudeln hinzufügen und etwa 3 Minuten fertig garen, bis die Flüssigkeit fast völlig verdampft ist. Anschließend die Sahne untermischen.

5 Die Nudeln in vorgewärmten tiefen Tellern anrichten, das Gemüse darauf verteilen und mit den Lachsscheiben belegen. Mit Kerbelblättern garniert servieren.

Gewürzbackhendl mit Rosenkohl und mariniertem Kürbis

1 Für das Gemüse den Rosenkohl putzen, waschen und den Strunk jeweils kreuzweise einschneiden. Die äußeren Blätter ablösen. Die Rosenkohlblätter und die Rosenkohlköpfchen nacheinander in kochendem Salzwasser bissfest garen, in ein Sieb abgießen, kalt abschrecken und abtropfen lassen.

2 Die Kürbis-Einlegeflüssigkeit in einer Pfanne erhitzen, die Rosenkohlköpfchen und die Maronen darin heiß werden lassen. Kurz vor dem Servieren die Butter und den Kürbis dazugeben und erwärmen. Das Gemüse mit Chilisalz abschmecken.

3 Für den Dip die Senfkörner in kochendem Wasser etwa 10 Minuten weich garen, in ein Sieb abgießen und abtropfen lassen. Die Senfkörner mit dem Apfelsaft und dem Honig wieder in den Topf geben und aufkochen. Die Crème fraîche mit der Kürbis-Einlegeflüssigkeit verrühren. Die abgekühlten Senfkörner samt Flüssigkeit und mit der Orangenschale unter die Crème fraîche rühren und mit Chilisalz würzen.

4 Für das Backhendl Pfeffer, Bockshornklee, Senfkörner, Kardamom, Ingwer und Zimt in eine Gewürzmühle füllen. Die Eier mit dem Mehl und dem Senf in einem tiefen Teller glatt rühren, mit rot-grünem Chilisalz, reichlich Gewürzmischung und 1 Prise Muskatnuss kräftig würzen. Die Weißbrotbrösel ebenfalls in einen tiefen Teller geben.

5 Die Hähnchenbrustfilets waschen und trocken tupfen. Die Filets schräg in jeweils 3 bis 4 Scheiben schneiden und mit Salz und Pfeffer würzen. Die Hähnchenscheiben zuerst in der Eier-Mehl-Mischung, dann in den Bröseln wenden.

6 In einer Pfanne etwa 1 cm hoch Kokosfett erhitzen und die panierten Hähnchenscheiben darin portionsweise bei milder Hitze auf beiden Seiten insgesamt 4 bis 5 Minuten goldbraun ausbacken. Die Backhendlstücke aus der Pfanne nehmen, auf Küchenpapier abtropfen lassen und mit Zitronensaft beträufeln.

7 Den Kürbis und die Rosenkohlblätter auf vorgewärmten Tellern anrichte, die Rosenkohlköpfchen und die Maronen mit der Sauce darübergeben. Den Senfdip darum herumverteilen und die Gewürzbackhendlstücke darauflegen.

Für 4 Personen
Für das Gemüse:

500 g Rosenkohl · Salz
100 ml Kürbis-Einlegeflüssigkeit
200 g gegarte Maronen
(vakuumverpackt)
1–2 EL Butter · 100 g süßsauer
eingelegter Kürbis (aus dem
Glas) · mildes Chilisalz

Für den Dip:
1 EL gelbe Senfkörner
4 EL Apfelsaft · 1 TL Honig
100 g Crème fraîche
1–2 EL Kürbis-Einlegeflüssigkeit
1 Msp. abgeriebene
unbehandelte Orangenschale
mildes Chilisalz

Für das Backhendl:
je 1 TL schwarze Pfefferkörner,
Bockshornkleesamen, gelbe Senf-
körner, grüne Kardamomkapseln
und getrockneter Ingwer
1/2 TL Zimtsplitter · 2 Eier
40 g doppelgriffiges Mehl
1–2 TL scharfer Senf
rot-grünes Chilisalz mit Vanille
frisch geriebene Muskatnuss
150–200 g Weißbrotbrösel
4 Hähnchenbrustfilets
(à 120 g; ohne Haut)
Salz · Pfeffer aus der Mühle
Kokosfett zum Frittieren
einige Tropfen Zitronensaft

Entenbrust auf Sellerie,
Roter Bete und Bratapfel

Für 4 Personen

Für die Entenbrust:

*2 Barbarie-Entenbrustfilets
(à 400 g) · 2 EL Öl
6 EL braune Butter (siehe S. 20)
1 Scheibe Ingwer
¼ ausgekratzte Vanilleschote
1 Gewürznelke · 1 Splitter Zimtrinde · 1 Zacken Sternanis
1 Zweig Thymian
mildes Chilisalz*

Für das Gemüse:

*2 kleine Rote-Bete-Knollen
Salz · ganzer Kümmel
400 g Knollensellerie
1 l Gemüsefond · 2 Scheiben Ingwer
4 Frühlingszwiebeln
1–2 TL scharfer Senf
5 EL milder Weißweinessig
Pfeffer aus der Mühle · Zucker
5 EL mildes Öl · 5 EL Gewürzöl
(siehe S. 21) · ½ ausgekratzte
Vanilleschote · je 1 Streifen
unbehandelte Zitronen- und
Orangenschale*

Außerdem:

*1 Apfel · 1 EL Butter · 1 TL Puder-
zucker · 1–2 TL Calvados
2 EL Sahnemeerrettich (aus dem
Glas) · 1 Msp. abgeriebene
unbehandelte Orangenschale
Feldsalat zum Garnieren*

1 Für die Entenbrust den Backofen auf 100°C vorheizen, ein Ofengitter auf die mittlere Schiene und darunter ein Abtropfblech schieben. Die Entenbrüste waschen, trocken tupfen, eventuelle Federkiele entfernen. Die Hautseiten rautenförmig einritzen. Das Öl in einer Pfanne erhitzen und die Entenbrustfilets darin bei mittlerer Hitze auf der Hautseite etwa 5 Minuten anbraten. Die Entenbrüste wenden und auf der Fleischseite ebenfalls kurz anbraten. Das Fleisch aus der Pfanne nehmen und auf dem Gitter im Ofen etwa 50 Minuten garen.

2 Für das Gemüse die Roten Beten in kochendem Salzwasser mit 1 Prise Kümmel etwa 1 Stunde weich garen. Abgießen, kalt abschrecken, schälen und in Spalten schneiden. Den Knollensellerie putzen, schälen und in 1 cm dicke Scheiben schneiden. Im Fond mit den Ingwerscheiben etwa 40 Minuten bissfest garen. Die Frühlingszwiebeln putzen, waschen und in 4 cm lange Stücke schneiden. Etwa 2 Minuten vor Ende der Garzeit zum Sellerie geben und mitgaren. Beides in ein Sieb abgießen, dabei den Fond auffangen. Das Gemüse abkühlen lassen, den Sellerie in 2 bis 3 cm große Stücke schneiden.

3 Für die Marinade den Fond mit Senf, Essig, Salz, Pfeffer und 1 Prise Zucker verrühren. Das Öl und das Gewürzöl unterschlagen und die Marinade auf 2 Schüsseln verteilen. In eine Schüssel Sellerie mit Frühlingszwiebeln, ¼ Vanilleschote und Zitronenschale einlegen. In die andere Schüssel die Roten Beten mit restlicher Vanilleschote und Orangenschale einlegen. Beides noch mal kräftig würzen und ziehen lassen.

4 Den Apfel waschen, vierteln, entkernen und in Spalten schneiden. Die Butter und den Puderzucker in einer Pfanne erhitzen, mit Calvados ablöschen und die Apfelspalten darin kurz andünsten.

5 Die braune Butter in einer Pfanne bei milder Hitze zerlassen. Die Gewürze und den Thymian hinzufügen, einige Minuten ziehen lassen und mit Chilisalz würzen. Die Entenbrüste aus dem Ofen nehmen, schräg in Scheiben schneiden und kurz in der Gewürzbutter wenden.

6 Das Gemüse aus der Marinade nehmen und auf Teller verteilen. Die Entenbrustscheiben und Apfelspalten darauflegen, Sahnemeerrettich mit der Orangenschale verrühren und danebensetzen. Den Feldsalat mit Selleriemarinade mischen und dekorativ auf die Teller setzen.

Glasierte Wachteln auf Salat
mit Kräuter-Senf-Dip

Für 4 Personen

Für den Salat:

2 Karotten
½ kleine Sellerieknolle
1 kleinere Stange Lauch
150 ml Gemüsebrühe
2 EL Orangensaft
1 Msp. abgeriebene unbe-
handelte Orangenschale
2 EL mildes Olivenöl
rot-grünes Chilisalz mit Vanille
frisch geriebene Muskatnuss

Für die Wachteln:

je 8 Wachtelbrüstchen
und -keulen (mit Haut)
1 EL braune Butter (siehe S. 20)
1 TL Currypulver
1 TL Honig
rot-grünes Chilisalz mit Vanille
1 kleines Stück Butter

Für den Dip:

200 g Crème fraîche
1 TL scharfer Senf
1–2 EL Orangensaft
je 1 EL Liebstöckel und Kerbel
(frisch geschnitten)
Salz · Chiliflocken

1 Für den Salat die Karotten und den Sellerie putzen und schälen. Die Karotten zuerst längs in dünne Scheiben, Sellerie ebenfalls in dünne Scheiben schneiden. Dann beides in Rauten schneiden. Den Lauch putzen, waschen, halbieren und ebenfalls in Rauten schneiden. Die Brühe in einem Topf erwärmen und das Gemüse darin zugedeckt 3 bis 4 Minuten dämpfen. Das Gemüse in ein Sieb abgießen, dabei den Kochfond auffangen.

2 Das Gemüse in eine Schüssel geben und mit dem Orangensaft und der -schale sowie dem Öl marinieren. Anschließend mit rot-grünem Chilisalz und Muskatnuss würzen.

3 Für die Wachteln die Wachtelbrüstchen und -keulen waschen und trocken tupfen, von den Keulen nach Belieben den Oberschenkelknochen auslösen. Die braune Butter in einer Pfanne erhitzen, die Brüstchen und die Keulen darin auf der Hautseite goldbraun anbraten, wenden und auf der anderen Seite ebenfalls kurz braten.

4 Das Fleisch aus der Pfanne nehmen und den Bratensatz mit dem Gemüsekochfond ablöschen (vorher 1 bis 2 EL Fond für den Dip abnehmen). Die Brühe mit Currypulver, Honig und rot-grünem Chilisalz würzen und die Butter hinzufügen. Das Fleisch in die Sauce legen und darin etwa 2 Minuten durchziehen lassen.

5 Für den Dip die Crème fraîche mit dem Senf, dem Orangensaft und dem restlichen Gemüsefond glatt rühren. Die Kräuter hinzufügen und den Dip mit Salz und Chiliflocken abschmecken.

6 Den Salat auf vorgewärmte Teller verteilen, den Kräuter-Senf-Dip darum herumträufeln und die Wachtelbrüstchen und -keulen darauf anrichten.

Roastbeef mit Pfefferkartoffeln

Für 4 Personen

Für die Pfefferkartoffeln:

1 kg festkochende Kartoffeln
Salz · 1 TL ganzer Kümmel
3–4 Scheiben Frühstücksspeck
1 EL Öl · ½ Bund Frühlingszwiebeln · 2 EL braune Butter
(siehe S. 20) · 50 ml Gemüsebrühe
je ½ TL Paprikapulver und
gemahlene Kurkuma
1 TL Aglio-e-olio-Gewürzmischung
1–2 TL 7er-Pfeffermischung
Murray River Salt (alles z. B. von
Alfons Schuhbeck; siehe S. 119)

Für das Roastbeef:

1,2 kg Roastbeef · 1–2 EL Öl
2–3 EL braune Butter · Chilisalz

Für den Salat:

400 g feine grüne Bohnen
Salz · 1 kleine Zwiebel
1 kleine rote Paprikaschote
100 ml Gemüsebrühe
1–2 EL Rotweinessig
Zucker · rot-grünes Chilisalz mit
Vanille · 100 g Champignons
1 EL Dillspitzen (frisch
geschnitten) · 4 EL Rapsöl

Für die Remoulade:

1 hart gekochtes Ei · 1–2 einge-
legte Sardellen · ½ TL Kapern
1 kleine Birne · 200 g Crème
fraîche · 1–2 EL Birnensaft
1 Msp. abgeriebene unbehandelte Orangenschale · Chilisalz

1 Für die Pfefferkartoffeln die Kartoffeln waschen und mit der Schale in einem Topf in Salzwasser mit dem Kümmel weich garen. Abgießen, kurz ausdampfen lassen, pellen und mehrere Stunden auskühlen lassen.

2 Für das Roastbeef den Backofen auf 100 °C vorheizen. Ein Ofengitter auf die mittlere Schiene und darunter ein Abtropfblech schieben. Das Roastbeef in einer Pfanne im Öl bei mittlerer Hitze rundum anbraten. Anschließend auf dem Gitter im Ofen etwa 1½ Stunden rosa garen. Dann in zerlassener brauner Butter wenden und mit Chilisalz würzen.

3 Für die Kartoffeln den Speck in einer Pfanne bei mittlerer Hitze in Öl auf beiden Seiten knusprig braten. Auf Küchenpapier abtropfen lassen und klein schneiden. Die Frühlingszwiebeln putzen, waschen und schräg in etwa 1 cm breite Stücke schneiden. Die Kartoffeln in Spalten schneiden und in einer Pfanne in 1 EL brauner Butter auf beiden Seiten anbraten. Aus der Pfanne nehmen und beiseitestellen. Den Bratensatz mit der Brühe ablöschen, Paprikapulver, Kurkuma, Aglio-e-olio- und Pfeffermischung dazugeben. Kurz ziehen lassen, die restliche braune Butter unterrühren, die Kartoffelspalten und die Frühlingszwiebeln dazugeben, erwärmen und mit Murray River Salt würzen.

4 Für den Salat die Bohnen putzen, waschen und schräg in 2 bis 3 cm lange Stücke schneiden. In kochendem Salzwasser fast weich garen, kalt abschrecken, abtropfen lassen und in eine Schüssel geben. Die Zwiebel schälen und in feine Würfel schneiden. Die Paprikaschote längs halbieren, entkernen, waschen und in kleine Würfel schneiden.

5 Für die Marinade die Brühe in einer Pfanne erhitzen, Zwiebel- und Paprikawürfel darin 2 bis 3 Minuten dünsten. Pfanne vom Herd nehmen, den Essig hinzufügen und mit Zucker, Salz und rot-grünem Chilisalz würzen. Die Marinade unter die Bohnen mischen und etwas ziehen lassen. Champignons putzen, trocken abreiben und vierteln. Mit dem Dill unterheben. Das Öl unterrühren, gegebenenfalls nachwürzen.

6 Für die Remoulade das Ei pellen und klein schneiden. Sardellen und Kapern klein hacken. Die Birne waschen, vierteln, entkernen und in kleine Würfel schneiden. Die Crème fraîche mit Saft verrühren, Ei, Sardellen, Kapern und Birnenwürfel unterrühren, Orangenschale hinzufügen und mit Chilisalz würzen. Das Roastbeef in dünne Scheiben schneiden, auf Tellern anrichten und nach Belieben mit Pyramidensalz und 7er-Pfeffermischung würzen. Salat, Kartoffeln und Remoulade dazu anrichten.

Kartoffelgröstl mit Schweinefilet

1 Für das Gröstl die Kartoffeln waschen und mit der Schale in einem Topf in Salzwasser mit dem Kümmel weich garen. Abgießen, kurz ausdampfen lassen und pellen. Die Kartoffeln abkühlen lassen und halbieren.

2 Die Karotten putzen, schälen und je nach Größe halbieren. Die Bohnen putzen, waschen und schräg in 1 bis 1½ cm breite Stücke schneiden. Beide Gemüsesorten nacheinander in kochendem Salzwasser fast weich garen. In ein Sieb abgießen, kalt abschrecken und abtropfen lassen. Die Champignons putzen, trocken abreiben und halbieren. Die Zwiebel schälen und in Rauten schneiden.

3 In einer Pfanne 1 EL braune Butter erhitzen und die Kartoffeln darin bei mittlerer Hitze anbraten. Die Zwiebel dazugeben und kurz mitbraten. Die Karotten, Bohnen und Champignons ebenfalls hinzufügen und erhitzen. Die restliche braune Butter dazugeben, das Gröstl mit dem Bratkartoffelgewürz, Salz und Pfeffer würzen und mit der Petersilie bestreuen.

4 Für die Sauce die Zwiebel schälen und in feine Würfel schneiden. Die Zwiebelwürfel in kochendem Salzwasser kurz blanchieren, in ein Sieb abgießen und abtropfen lassen. Die Brühe und die Sahne in einem Topf aufkochen lassen. Beide Senfsorten unterrühren und die Zwiebelwürfel dazugeben. Die Sauce nach Belieben mit etwas Chilisalz würzen.

5 Das Schweinefilet in etwa 1 cm dicke Scheiben schneiden. Die Debrecziner schräg in Scheiben schneiden. In einer großen Pfanne 1 EL braune Butter erhitzen, die Filetscheiben und die Debrecziner darin rundum anbraten. Mit Salz und Pfeffer würzen und aus der Pfanne nehmen. Den Bratensatz in der Pfanne mit der Senfsauce ablöschen, die Sauce wieder in den Topf geben und warm halten.

6 Die restliche braune Butter in einer Pfanne erhitzen. Die Wachteleier mit einem Sägemesser in der Mitte vorsichtig einschneiden, in die Pfanne gleiten lassen und bei mittlerer Hitze zu Spiegeleiern braten.

7 Das Kartoffelgröstl auf vorgewärmten Tellern anrichten, die Zwiebel-Senf-Sauce darum herumträufeln. Das Schweinefilet und die Debrecziner darauf verteilen und je 2 Essiggurken und 1 Wachtelspiegelei drauflegen. Nach Belieben mit Petersilienblättern garnieren.

Für 4 Personen
Für das Gröstl:
500 g kleine festkochende
Kartoffeln · Salz
1 TL ganzer Kümmel
1 Bund Mini-Karotten
200 g breite Bohnen
80 g Champignons
1 Zwiebel
2–3 EL braune Butter
(siehe S. 20)
1 EL Bratkartoffelgewürz
(z. B. von Alfons Schuhbeck;
siehe S. 119)
Pfeffer aus der Mühle
1–2 EL Petersilie
(frisch geschnitten)

Für die Sauce:
1 kleine Zwiebel · Salz
100 ml Gemüsebrühe
80–100 g Sahne
1–2 TL scharfer Senf
1–2 TL Weißwurstsenf

Außerdem:
300 g Schweinefilet
2 Debrecziner
(oder andere Würste)
2 EL braune Butter
Salz · Pfeffer aus der Mühle
4 Wachteleier
8 kleine Essiggurken

Spanferkelfilet im Nudelblatt
auf Chilikraut mit Dörrpflaumen

Für 4 Personen
Für die Pflaumen:
1 Beutel Schwarztee
4 EL Cognac · 12 Dörrpflaumen

Für das Spanferkel:
4 grüne Lasagneblätter · Salz
4 rohe Schweinsbratwürstel
(à 80 g; bzw. 300 g Schweins-
bratwurstbrät vom Metzger)
4 EL kalte Sahne
frisch geriebene Muskatnuss
je 1 TL ganzer Kümmel
und Korianderkörner
3 EL Petersilie
(frisch geschnitten)
1 EL Liebstöckel
(frisch geschnitten)
4 Spanferkelfilets (à 50–60 g)

Für das Kraut:
1 große Zwiebel · 1 EL Öl
800 g Sauerkraut (aus der Dose)
100 ml Weißwein
400 ml Gemüsebrühe
1 dicke Scheibe durchwachsener
Speck (ca. 80 g)
5 schwarze Pfefferkörner
2 Wacholderbeeren (angedrückt)
1 Lorbeerblatt · 2 EL Apfelmus
50 g Sahne · 3 EL Butter
1/2–1 TL Chiliflocken
Salz

1 Für die Pflaumen den Teebeutel mit 1/4 l kochendem Wasser aufgießen und 5 Minuten ziehen lassen. Den Beutel wieder entfernen und den Cognac unter den Schwarztee rühren. Die Pflaumen in die Flüssigkeit einlegen und mindestens 6 Stunden ziehen lassen.

2 Für das Spanferkel die Lasagneblätter in reichlich kochendem Salzwasser 9 bis 10 Minuten vorkochen, mit dem Schaumlöffel herausnehmen, kalt abschrecken und zwischen 2 Lagen Frischhaltefolie legen.

3 Das Brät aus den Würsteln herausdrücken, in einer Schüssel mit der Sahne glatt rühren und mit Muskatnuss würzen. Kümmel und Koriander mischen, in eine Gewürzmühle füllen und das Brät etwas damit würzen. Die Kräuter mischen und die Spanferkelfilets darin wenden.

4 Die Nudelblätter auf die Länge der Spanferkelfilets zuschneiden und gleichmäßig mit dem Brät bestreichen. Je 1 Filet darauflegen und so in das Nudelblatt einschlagen, dass die Enden dabei leicht übereinanderlappen. Die Nudelpäckchen in Frischhaltefolie einrollen, dann in Alufolie wickeln und die Enden so fest eindrehen, dass stramme Rollen entstehen. Die Nudelpäckchen in etwa 75 °C heißem Wasser 30 bis 35 Minuten gar ziehen lassen. Die Temperatur am besten mit einem Küchenthermometer kontrollieren.

5 Für das Kraut die Zwiebel schälen und in feine Würfel schneiden. Das Öl in einem Topf erhitzen und die Zwiebel darin andünsten. Das Sauerkraut dazugeben und kurz mitdünsten. Mit dem Wein ablöschen und fast völlig einkochen lassen. Die Brühe angießen, den Speck hinzufügen und das Kraut zugedeckt bei milder Hitze etwa 45 Minuten schmoren. Pfefferkörner, Wacholderbeeren und Lorbeerblatt in einen Einwegteebeutel füllen, verschließen und nach 30 Minuten Garzeit mit dem Apfelmus zum Kraut geben. Die Gewürze am Ende der Garzeit wieder entfernen. Die Sahne und die Butter unter das Kraut rühren und mit Chiliflocken und Salz würzen.

6 Das Chilikraut auf vorgewärmte Teller verteilen, die gedämpften Spanferkelpäckchen aus der Folie wickeln, schräg in Scheiben schneiden und mit den abgetropften Pflaumen auf dem Kraut anrichten.

Geschmorte Hasenkeule
mit Kartoffel-Fenchel-Püree

Für 4 Personen

Für die Hasenkeulen:

4 Wildhasenkeulen · 1 EL Öl
1 l Hühnerbrühe · 1 Zwiebel
1 kleine Karotte · 120 g Knollensellerie · 1–2 TL Puderzucker
1–2 EL Tomatenmark
2 cl Cognac · 300 ml kräftiger
Rotwein · 1 Lorbeerblatt
1 TL Wacholderbeeren (angedrückt) · 1 Splitter Zimtrinde
1/4 ausgekratzte Vanilleschote
1/2 TL Korianderkörner
je 1 TL Piment- und schwarze
Pfefferkörner
2 Scheiben Ingwer
1 Knoblauchzehe (in Scheiben)
2 Streifen unbehandelte Zitronenschale · 1 TL Speisestärke
1 TL gehackte
Zartbitterschokolade
Salz · Pfeffer aus der Mühle

Für das Püree:

1 kg mehligkochende Kartoffeln
Salz · 1/2 TL ganzer Kümmel
1/2 kleine Fenchelknolle (mit
Grün) · 1/4 l Milch · 1 EL Butter
frisch geriebene Muskatnuss
2 EL braune Butter (siehe S. 20)
1 TL abgeriebene unbehandelte
Orangenschale
Fenchelsamen aus der Mühle
1 EL Orangenlikör

1 Für die Hasenkeulen das Fleisch waschen, trocken tupfen und in einer Pfanne im Öl bei mittlerer Hitze rundum anbraten. Herausnehmen und den Bratensatz mit etwa 200 ml Brühe ablöschen.

2 Zwiebel, Karotte und Sellerie putzen, schälen und in kleine Würfel schneiden. Puderzucker in einem Topf karamellisieren und das Gemüse darin andünsten. Tomatenmark unterrühren und kurz anrösten. Mit Cognac und Wein ablöschen. Sauce auf ein Drittel einköcheln lassen. Den Bratensatz und die restliche Brühe dazugießen. Die Hasenkeulen hineinlegen und zugedeckt knapp unter dem Siedepunkt etwa 3 Stunden mehr ziehen als köcheln lassen. Nach 2 1/2 Stunden Lorbeerblatt, Wacholderbeeren, Zimt, Vanilleschote, Koriander, Piment, Pfeffer, Ingwer und Knoblauch dazugeben. 5 Minuten vor Ende der Garzeit die Zitronenschale hinzufügen.

3 Die Hasenkeulen herausnehmen. Die Sauce durch ein Sieb gießen, dabei das Gemüse gut ausdrücken. Die Stärke mit wenig kaltem Wasser glatt rühren. Nach und nach in die Sauce rühren, bis sie sämig ist. Die Sauce 2 Minuten köcheln lassen, die Schokolade unterrühren und mit Salz und Pfeffer würzen. Das Fleisch vom Knochen lösen und in die Sauce geben.

4 Für das Püree die Kartoffeln waschen und in einem Topf in Salzwasser mit dem Kümmel weich garen. Den Fenchel putzen und waschen, das Fenchelgrün klein schneiden und beiseitelegen. Den Fenchel in kleine Würfel schneiden, in kochendem Salzwasser blanchieren, in ein Sieb abgießen, kalt abschrecken und abtropfen lassen. Die Kartoffeln abgießen, kurz ausdampfen lassen, möglichst heiß pellen und durch die Kartoffelpresse in eine Schüssel drücken. Die Milch erhitzen, mit einem Kochlöffel unter das Kartoffelmus rühren, die Butter hinzufügen, mit Salz und Muskatnuss würzen. Den Fenchel in einer Pfanne in der braunen Butter andünsten. Mit Orangenschale, Muskatnuss und gemahlenen Fenchelsamen würzen. Mit Orangenlikör ablöschen und mit dem Fenchelgrün unter das Püree rühren.

5 Das geschmorte Hasenfleisch mit dem Kartoffel-Fenchel-Püree auf vorgewärmten Tellern anrichten. Die Schmorsauce darum herumziehen. Nach Belieben mit kross gebratenem Frühstücksspeck und in brauner Butter geschwenkten grünen Weintrauben garnieren.

Rehrücken im Riesenchampignon auf Wirsing mit Pfeffersauce

1 Für den Rehrücken den Backofen auf 120°C vorheizen. Die Pilze putzen, trocken abreiben und den Stiel herausdrehen. Die Lamellen entfernen und die Pilzköpfe auf der Innenseite mit Zitronensaft beträufeln.

2 Das Brät mit der Sahne glatt rühren und mit Salz, Pfeffer, 1 Prise Chilipulver, Muskatnuss und Zitronenschale würzen. Etwas Brät in die Champignons streichen und mit den Kräutern bestreuen. Das Rehrückenfilet waschen und trocken tupfen, in 4 Stücke schneiden und mit Salz und Pfeffer würzen. Je 1 Filetstück in die Champignons setzen, das restliche Brät darauf verteilen und mit einem Messer glatt streichen (das Messer dabei immer wieder in warmes Wasser tauchen). Die Champignons in eine Auflaufform setzen und im Ofen auf der mittleren Schiene etwa 35 Minuten garen.

3 Für das Gemüse den Wirsing putzen, waschen und die Blattrippen herausschneiden. Die Wirsingblätter in kochendem Salzwasser blanchieren, in ein Sieb abgießen, kalt abschrecken und gut abtropfen lassen. Den Wirsing in Rauten schneiden und in einer Pfanne mit 50 ml Brühe erwärmen. 1/4 Vanilleschote und 1 Ingwerscheibe dazugeben, kurz darin ziehen lassen. Mit Zimt, Muskatnuss und Chilisalz würzen. Zum Servieren die braune Butter unterrühren.

4 Für die Sauce die Pfefferkörner in kochendem Wasser 2 Minuten blanchieren und in ein Sieb abgießen. Die Champignons putzen und trocken abreiben. Die Zwiebel schälen und wie die Pilze in feine Würfel schneiden. Den Knoblauch schälen und in feine Scheiben schneiden. Das Öl in einer Pfanne erhitzen, Champignons, Zwiebel und Pfeffer darin andünsten. Mit Cognac ablöschen, Apfelsaft, restliche Brühe und Sahne dazugeben und auf zwei Drittel einköcheln lassen. Übrige Vanille und restlichen Ingwer mit dem Knoblauch hinzufügen. Die Speisestärke mit etwas kaltem Wasser glatt rühren, unter die kochende Sauce rühren und die Sauce 1 bis 2 Minuten köcheln lassen. Durch ein Sieb gießen, mit Orangenschale würzen und die Butter unterrühren.

5 Den Rehrücken im Riesenchampignon halbieren und auf dem Wirsing anrichten. Pfeffersauce aufschäumen und darüberträufeln. Nach Belieben karamellisierte Birnenspalten (siehe S. 62, Step 4) dazu servieren.

Für 4 Personen
Für den Rehrücken:
4 Riesenchampignons
1–2 TL Zitronensaft
200 g Kalbsbrät (vom Metzger)
3–4 EL Sahne
Salz · Pfeffer aus der Mühle
mildes Chilipulver
frisch geriebene Muskatnuss
1 Msp. abgeriebene
unbehandelte Zitronenschale
je 1 EL Petersilie und Kerbel
(frisch geschnitten)
200–250 g Rehrückenfilet

Für das Gemüse und die Sauce:
1 kleiner Wirsing · Salz
1/4 l Hühnerbrühe
1/2 ausgekratzte Vanilleschote
2 Scheiben Ingwer
1 Msp. Zimtpulver
frisch geriebene Muskatnuss
mildes Chilisalz
1 EL braune Butter (siehe S. 20)
1–2 EL schwarze Pfefferkörner
40 g Champignons · 1 Zwiebel
1 Knoblauchzehe · 1 EL Öl
2 cl Cognac · 80 ml Apfelsaft
80 g Sahne
1–2 TL Speisestärke
1 Msp. abgeriebene
unbehandelte Orangenschale
3 EL kalte Butter

Rehrücken im Brotmantel
auf Birnen-Wirsing

Für 4 Personen

Für den Rehrücken:

1 EL getrocknete Totentrompeten
150 g Kalbsbrät (vom Metzger)
3 EL Sahne · 1 TL Dijon-Senf
2 EL Petersilie (frisch gehackt)
rot-grünes Chilisalz mit Vanille
frisch geriebene Muskatnuss
1 Msp. abgeriebene
unbehandelte Zitronenschale
1 Msp. frisch geriebener Ingwer
8 hauchdünne Scheiben dunkles
Brot (vom Vortag)
4 Rehrückenfilets (à 80–100 g)
2 EL Öl

Für den Wirsing:

1/2 Kopf Wirsing · Salz · 100 g Sahne
1 Msp. abgeriebene
unbehandelte Orangenschale
frisch geriebene Muskatnuss
Chilisalz · 1 EL Butter
1 reife feste Birne
1 EL braune Butter (siehe S. 20)
1/2 TL Puderzucker
1 kleines Stück Zimtrinde
Vanillesalz

Für die Sauce:

1–2 TL Puderzucker
200 ml Rotwein · 1/2 TL Speisestärke · 100 g kalte Butter
1 EL getrocknete Cranberrys
Salz

1 Für den Rehrücken die Trompetenpilze in Wasser einmal aufkochen und 10 bis 15 Minuten ziehen lassen. Die Pilze abgießen, abtropfen lassen und klein schneiden. Das Brät mit der Sahne glatt rühren. Die Pilze mit dem Senf und der Petersilie unterrühren und das Brät mit rot-grünem Chilisalz, 1 Prise Muskatnuss, Zitronenschale und Ingwer würzen.

2 Den Backofen auf 140 °C vorheizen. Ein Ofengitter auf die mittlere Schiene und darunter ein Abtropfblech schieben. Je 2 Brotscheiben an der Längsseite leicht überlappend legen und etwa 3 mm dick mit dem Brät bestreichen. Die Rehrückenfilets waschen, trocken tupfen und darauflegen. Das Brot so aufrollen, dass das Fleisch vollständig eingewickelt ist. Das Öl in einer Pfanne erhitzen und die Filets im Brotmantel darin bei mittlerer Hitze rundum kräftig anbraten. Herausnehmen und auf dem Gitter im Ofen 15 bis 20 Minuten garen.

3 Für den Wirsing den Kohl putzen, waschen und die Blattrippen herausschneiden. Die Blätter in 3 bis 4 cm große Stücke zupfen und in kochendem Salzwasser 3 bis 4 Minuten blanchieren. In ein Sieb abgießen, kalt abschrecken und gut abtropfen lassen. Mit den Händen das restliche Wasser gut ausdrücken. Den Wirsing mit der Sahne in einem Topf erhitzen und etwas einkochen lassen. Mit Orangenschale, 1 Prise Muskatnuss und Chilisalz würzen. Kurz vor dem Servieren die Butter dazugeben und darin schmelzen lassen.

4 Die Birne waschen, vierteln, entkernen und in Spalten schneiden. Die Spalten quer halbieren und in der braunen Butter in einer Pfanne andünsten. Den Puderzucker darüberstäuben und hell karamellisieren. Etwas Zimt darüberreiben und mit Vanillesalz würzen.

5 Für die Sauce den Puderzucker in einem Topf hell karamellisieren, mit Wein ablöschen und auf ein Viertel einkochen lassen. Die Speisestärke mit etwas kaltem Wasser glatt rühren. Unter die leicht kochende Sauce rühren und 1 Minute kochen lassen. Die kalte Butter in Stückchen unter ständigem Rühren bei milder Hitze unterschlagen. Die Sauce vom Herd nehmen, die Cranberrys unterrühren und die Sauce mit Salz würzen.

6 Den Wirsing auf Teller und die Rotweinsauce darum herum verteilen. Das Fleisch schräg halbieren, darauf anrichten und mit den karamellisierten Birnenspalten garnieren.

Rehragout auf Bandnudeln mit Walnüssen und Trauben

Für 4 Personen

*1 kg Rehfleisch (aus der
Schulter) · 150 g Knollensellerie
1 Karotte · 2 Zwiebeln · 3 EL Öl
³/₄ l Hühnerbrühe · 1–2 TL Puderzucker · 1 EL Tomatenmark
50 ml roter Portwein
300 ml Rotwein
1 Lorbeerblatt · je ¹/₂ TL schwarze
Pfeffer- und Korianderkörner
5 Wacholderbeeren (angedrückt)
1 Splitter Zimtrinde
5 Pimentkörner · ¹/₄ ausgekratzte
Vanilleschote · 1–2 TL Speisestärke · 5–10 g Zartbitterschokolade · 1 EL Preiselbeeren
je 1 Msp. abgeriebene
unbehandelte Zitronen- und
Orangenschale
4 dünne Scheiben
durchwachsener Speck
80 g kleine, kernlose
grüne Weintrauben
20–30 g Walnüsse
Salz · 3 Scheiben Ingwer
1 getrocknete rote Chilischote
300 g breite Bandnudeln
50 ml Gemüsebrühe
1–2 EL braune Butter
(siehe S. 20)
Chiliflocken
frisch geriebene Muskatnuss*

1 Das Rehfleisch von groben Sehnen befreien, waschen, trocken tupfen und in 3 bis 4 cm große Würfel schneiden. Den Sellerie, die Karotte und die Zwiebeln schälen und in kleine Würfel schneiden. Das Gemüse in einer Pfanne in 1 EL Öl bei mittlerer Hitze 2 bis 3 Minuten andünsten.

2 In einem Topf 1 EL Öl erhitzen. Die Fleischwürfel darin bei mittlerer Hitze in 2 Portionen anbraten und herausnehmen. Den Bratensatz mit etwas Brühe ablöschen. Den Puderzucker in einen Schmortopf stauben und hell karamellisieren, das Tomatenmark unterrühren und etwas anrösten. Mit dem Portwein ablöschen. Nach und nach je ein Drittel Wein hinzugießen und jeweils sämig einköcheln lassen. Mit der Brühe und dem Bratensatz auffüllen, das Rehfleisch und das Gemüse dazugeben und zugedeckt bei milder Hitze knapp unter dem Siedepunkt 2¹/₂ Stunden schmoren. Nach 2 Stunden Schmorzeit die ganzen Gewürze in einen Einwegteebeutel füllen, verschließen und dazugeben.

3 Das Fleisch aus dem Topf heben. Die Sauce durch ein Sieb in einen Topf gießen, dabei das Gemüse etwas ausdrücken. Die Sauce noch mal erhitzen. Die Speisestärke mit etwas kaltem Wasser glatt rühren, unter die Sauce rühren und 2 Minuten leicht köcheln lassen. Schokolade, Preiselbeeren sowie Zitronen- und Orangenschale in die Sauce geben, dann das Rehfleisch wieder hinzufügen und darin erwärmen.

4 Den Speck in einer Pfanne im restlichen Öl bei mittlerer Hitze kross braten, auf Küchenpapier abtropfen lassen. Die Weintrauben waschen, abtropfen lassen, nach Belieben häuten und je nach Größe halbieren. Mit den Walnüssen zum Ragout geben.

5 In einem großen Topf reichlich Salzwasser mit den Ingwerscheiben und der Chilischote aufkochen und die Nudeln darin sehr bissfest garen. Die Nudeln in ein Sieb abgießen und abtropfen lassen, die Gewürze entfernen. Die Brühe und die braune Butter in einer tiefen Pfanne erhitzen. Die Nudeln darin erwärmen und mit je 1 Prise Chiliflocken und Muskatnuss würzen.

6 Die Bandnudeln auf vorgewärmte Teller verteilen, das Rehragout darauf anrichten und mit den Speckscheiben garnieren.

Hirschstrudel mit Feigen und Wacholder-Sabayon

1 Für den Strudel den Backofen auf 130°C vorheizen. Die Gemüsewürfel in kochendem Salzwasser blanchieren, in ein Sieb abgießen, kalt abschrecken und abtropfen lassen. Das Gemüse in ein Küchentuch geben und das Wasser ausdrücken. Das Brät mit der Sahne und dem Senf glatt rühren, die Gemüsewürfel unterheben. Mit Salz, Pfeffer, Muskatnuss und Zitronenschale würzen. Die Hirschkalbsrücken waschen und trocken tupfen. In einer Pfanne 1 EL Öl erhitzen und die Hirschkalbsrücken darin bei mittlerer Hitze rundum kurz anbraten.

2 Die Strudelteigblätter mit dem Brät bestreichen, die Hirschkalbsrücken darauflegen und in dem Teig einwickeln, die Enden nach Belieben abschneiden. Die Strudel zunächst auf der Nahtseite, anschließend rundum in der Pfanne im restlichen Öl anbraten und auf ein mit Backpapier ausgelegtes Backblech setzen. Im Ofen auf der mittleren Schiene etwa 20 Minuten backen.

3 Für das Sabayon die Wacholderbeeren in einer Pfanne ohne Fett bei milder Hitze rösten und leicht andrücken. Die Schalotte schälen, in feine Würfel schneiden und mit den Pfefferkörnern und dem Lorbeerblatt dazugeben. Mit dem Gin ablöschen, den Wein und die Brühe angießen. Alles etwa auf die Hälfte einköcheln und durch ein Sieb in eine Metallschüssel gießen. Die Eigelbe mit dem Schneebesen unterrühren. Die Schüssel in ein heißes Wasserbad setzen und die Masse unter ständigem Rühren zu einem sämigen Schaum schlagen. Die braune Butter unterrühren und das Sabayon mit Salz abschmecken.

4 Für die Feigen die beiden Weine in einem Topf etwa auf ein Drittel einkochen. Die Vanilleschote, den Zimt und die Kardamomkapseln hinzufügen und kurz ziehen lassen. Die Speisestärke mit etwas kaltem Wasser glatt rühren. Unter den Rotweinsud rühren, bis er leicht bindet, und etwa 2 Minuten köcheln lassen. Die Rotweinsauce durch ein Sieb gießen. Die Feigen schälen und in Spalten schneiden.

5 Die Hirschstrudel in Scheiben schneiden und auf vorgewärmten Tellern anrichten. Das Wacholder-Sabayon darum herumziehen, die Feigenspalten dazugeben und mit der Rotweinsauce beträufeln. Mit den Walnüssen garnieren.

Für 4 Personen

Für den Strudel:

je 2 EL kleine Zucchini- und gelbe und orangefarbene Karottenwürfel · Salz
250 g Kalbsbrät (vom Metzger)
3–4 EL kalte Sahne
1 TL Dijon-Senf
Pfeffer aus der Mühle
frisch geriebene Muskatnuss
1 Msp. abgeriebene unbehandelte Zitronenschale
2 Hirschkalbsrücken (à 200 g)
2 EL Öl
2 Strudelteigblätter (à 20 x 40 cm; aus dem Kühlregal)

Für das Sabayon:

1 EL Wacholderbeeren
1 Schalotte · 1/2 TL schwarze Pfefferkörner · 1 Lorbeerblatt
1–2 EL Gin
je 100 ml Weißwein und Gemüsebrühe · 3 Eigelb · 4 EL flüssige braune Butter (siehe S. 20) · Salz

Für die Feigen:

50 ml roter Portwein
150 ml Rotwein
1/4 aufgeschlitzte Vanilleschote
1 Splitter Zimtrinde
3–4 grüne Kardamomkapseln
1 gestr. TL Speisestärke
4 frische Feigen · 16 Walnüsse

Süß

von ANGELIKA SCHWALBER

Fruchtsalat mit Knuspermüsli

Für 4 Personen
Für den Salat:

800 g gemischtes Obst der Saison
(z. B. Ananas, Apfel, Birne,
Erdbeeren, Kiwi, Mango,
Melone, Papaya, Trauben)
je 1 Zitrone und Orange

Für das Müsli:
je 2 EL Hafer- und
Weizenflocken
je 2 EL Pistazien, Hasel- und
Walnüsse
1 EL Puderzucker

Für den Zitronenquark:
250 g Speisequark
125 g saure Sahne
1 Msp. abgeriebene unbe-
handelte Zitronenschale
2–3 EL Puderzucker
1 Msp. Vanillemark
100 g Sahne

1 Für den Salat das Obst je nach Sorte putzen, schälen bzw. waschen und bei Bedarf entkernen bzw. entsteinen. Die Früchte in mundgerechte Stücke schneiden und in eine Schüssel geben. Die Zitrone und Orange halbieren und auspressen. Die Zitrussäfte unter die Früchte mischen und den Fruchtsalat nach Belieben mit 1 TL Vanillezucker und 2 EL Zucker abschmecken.

2 Für das Müsli die Hafer- und Weizenflocken mit den Pistazien, Hasel- und Walnüssen in einer weiten Pfanne mischen und ohne Fett bei mittlerer Hitze leicht rösten. Mit dem Puderzucker bestäuben und karamellisieren. Die noch warme Mischung auf ein mit Backpapier ausgelegtes Backblech geben und auskühlen lassen. Mit der Hand in grobe Stücke brechen.

3 Für den Zitronenquark den Quark mit der sauren Sahne, der Zitronenschale, dem Puderzucker und dem Vanillemark in einer Schüssel glatt rühren, nach Belieben mit etwas Vanillezucker abschmecken. Die Sahne steif schlagen und mit dem Schneebesen unter die Quarkcreme heben.

4 Den Fruchtsalat ohne Flüssigkeit auf 4 Gläser verteilen. Die Quarkcreme daraufgeben und mit dem Knuspermüsli bestreuen. Nach Belieben mit Mangospalten und Erdbeerhälften garnieren.

Mein Tipp: Das Knuspermüsli bereite ich oft auch auf Vorrat zu. Die Müslistücke bleiben in einer gut verschließbaren Dose ein paar Tage kross.

Frühstückszöpfe mit Kirschkonfitüre

Für 3 Zöpfe
Für den Hefeteig:
500 g Mehl · 60 g Zucker
1 Msp. Salz · 30 g frische Hefe
Mark von ¼ Vanilleschote
1 Msp. abgeriebene unbe-
handelte Zitronenschale
1 Msp. gemahlene Macisblüte
130 ml Milch · 2 Eier
100 g weiche Butter

Für die Konfitüre:
500 g Sauerkirschen
250 g Gelierzucker (2:1)
1 EL Zitronensaft
3 Zweige Rosmarin

Außerdem:
Mehl für die Arbeitsfläche
1 Eigelb · 2–3 EL Milch

1 Für den Hefeteig das Mehl, den Zucker, das Salz und die zerbröckelte Hefe in eine Schüssel geben. Das Vanillemark, die Zitronenschale und die gemahlene Macisblüte hinzufügen. Die Milch leicht erwärmen und mit den Eiern ebenfalls dazugeben. Alles mit den Knethaken des Handrührgeräts zu einem glatten Teig verkneten. Nach und nach die weiche Butter unterkneten. Den Hefeteig mit Frischhaltefolie zugedeckt an einem warmen Ort 15 Minuten gehen lassen.

2 Ein Backblech mit Backpapier auslegen. Den Hefeteig aus der Schüssel nehmen und in 9 Portionen (à etwa 100 g) teilen. Die Teigportionen auf der bemehlten Arbeitsfläche zu gleich langen Strängen formen, dabei die Stränge an den Enden dünner werden lassen. Aus jeweils 3 Strängen einen Zopf flechten. Die Zöpfe auf das Blech legen und zugedeckt weitere 15 Minuten gehen lassen.

3 Den Backofen auf 180°C vorheizen. Das Eigelb mit der Milch in einer kleinen Schüssel verquirlen und die Hefezöpfe dünn damit bestreichen. Die Zöpfe nach Belieben mit Hagelzucker und Mandelblättchen bestreuen und im Ofen auf der mittleren Schiene 15 bis 20 Minuten goldbraun backen. Damit die Zöpfe nicht zu dunkel werden, kann man sie nach etwa 10 Minuten Backzeit mit Backpapier zudecken.

4 Für die Konfitüre 3 Twist-off-Gläser (à 250 ml Inhalt) waschen und offen auf ein Gitter in einen weiten, hohen Topf stellen. Den Topf und die Gläser mit kochendem Wasser füllen und etwa 10 Minuten kochen lassen. Die Gläser aus dem Topf heben, ausleeren und kopfüber auf einem Küchentuch abtropfen lassen. Mit den Deckeln ebenso verfahren. Inzwischen den Backofen auf 100°C vorheizen. Die Gläser und Deckel im Ofen etwa 15 Minuten trocknen.

5 Die Sauerkirschen waschen und entsteinen, dabei den Saft auffangen. Kirschen und Saft in einem Topf mit dem Gelierzucker und dem Zitronensaft mischen und unter Rühren langsam aufkochen lassen. Alles 4 bis 5 Minuten kochen lassen. Den Rosmarin waschen und trocken tupfen. Die heiße Konfitüre sofort in die Gläser füllen, je 1 Rosmarinzweig dazugeben, die Gläser verschließen und abkühlen lassen.

Nusszopf aus touriertem Hefeteig

1 Für die Butterplatte das Butterschmalz, die Butter, das Mehl und 1 EL zimmerwarmes Wasser zu einer glatten Masse verarbeiten. Die Buttermasse zu einer Platte (19 x 19 cm) formen und 1 Stunde kühl stellen, damit sie fest wird.

2 Für den Hefeteig das Mehl, den Zucker, das Salz und die zerbröckelte Hefe in eine Schüssel geben. Das Vanillemark, die Zitronenschale und die kalte Milch hinzufügen. Alles mit den Knethaken des Handrührgeräts zu einem glatten Teig verarbeiten, dabei die Butter nach und nach unterkneten. Den Hefeteig mit Frischhaltefolie zugedeckt 30 Minuten kühl stellen.

3 Den Hefeteig auf der leicht bemehlten Arbeitsfläche zu einem Rechteck (20 x 40 cm) ausrollen. Die Butterplatte auf eine Teighälfte legen, die andere Teighälfte darüberklappen und gut andrücken. Den Teig mit gleichmäßigem Druck wieder auf eine Größe von 20 x 40 cm ausrollen und die Schmalseiten so übereinanderlegen, dass 3 Lagen entstehen. Den Teig zugedeckt 30 Minuten kühl stellen.

4 Den Teig erneut zu einem Rechteck (20 x 40 cm) ausrollen, die Schmalseiten so übereinanderlegen, dass 3 Lagen entstehen. Den Teig kühl stellen. Den Vorgang wiederholen. Den tourierten Teig zugedeckt 30 Minuten kühl stellen. Eine Kastenform (20 cm Länge) einfetten.

5 Für die Füllung das Marzipan klein schneiden. Mit den Haselnüssen, dem Zucker, den Semmelbröseln, der Milch und 1 Prise Zimtpulver mischen.

6 Den Teig auf der bemehlten Arbeitsfläche zu einem Rechteck (30 x 45 cm) ausrollen. Die Nussfüllung daraufstreichen, den Teig von der Längsseite her aufrollen und die Rolle halbieren. Die gefüllten Teigstränge nebeneinanderlegen und die Enden miteinander verdrehen. Den Zopf in die Form legen und zugedeckt an einem warmen Ort etwa 20 Minuten gehen lassen.

7 Den Backofen auf 190 °C vorheizen. Den Nusszopf im Ofen auf der mittleren Schiene 30 bis 40 Minuten backen.

Für 1 Zopf

Für die Butterplatte:
90 g Butterschmalz
(Zimmertemperatur)
4 EL weiche Butter
2 1/2 EL Mehl

Für den Hefeteig:
220 g Mehl · 3 EL Zucker
1 Msp. Salz · 15 g frische Hefe
Mark von 1/4 Vanilleschote
1 Msp. abgeriebene unbehandelte Zitronenschale
100 ml Milch · 3 EL Butter

Für die Füllung:
50 g Marzipanrohmasse
100 g gemahlene Haselnüsse
5 EL Zucker
4 EL Semmelbrösel
1/8 l Milch · Zimtpulver

Außerdem:
Mehl für die Arbeitsfläche
Butter für die Form

Aprikosen-Brioches

Für 10 Stück

Für den Hefeteig:

375 g Mehl
45 g Zucker
1 Msp. Salz
20 g frische Hefe
1 Msp. Vanillemark
1 Msp. abgeriebene unbe
handelte Zitronenschale
110 ml Milch · 1 Ei
75 g weiche Butter
5 kleine Aprikosen

Außerdem:

Butter und Mehl für die Form
Milch und flüssige Butter
zum Bestreichen
Zimtzucker zum Bestreuen
(siehe Tipp)

1 Für den Hefeteig das Mehl, den Zucker, das Salz und die zerbröckelte Hefe in eine Schüssel geben. Das Vanillemark und die Zitronenschale hinzufügen. Die Milch leicht erwärmen und mit dem Ei dazugeben. Alles mit den Knethaken des Handrührgeräts zu einem glatten Teig verarbeiten, dabei die weiche Butter nach und nach unterkneten. Den Hefeteig mit Frischhaltefolie zugedeckt an einem warmen Ort 15 Minuten gehen lassen.

2 Die Vertiefungen einer Muffinform einfetten und mit Mehl bestäuben oder Papierförmchen hineinsetzen. Die Aprikosen waschen, halbieren und entsteinen. Vom Hefeteig 600 g abwiegen und in 10 Portionen (à etwa 60 g) teilen. Den restlichen Teig ebenfalls in 10 Portionen (à etwa 10 g) teilen. Die Teigportionen zu Kugeln formen und die großen Kugeln flach in die Vertiefungen der Muffinform drücken. Mit einem Kochlöffelstiel jeweils eine 2 cm breite Vertiefung hineindrücken und je 1 Aprikosenhälfte hineinlegen. Leicht mit etwas Wasser bestreichen, die kleinen Teigkugeln drauflegen und andrücken.

3 Die Brioches zugedeckt an einem warmen Ort 30 Minuten gehen lassen. Den Backofen auf 180°C vorheizen. Die Brioches mit etwas Milch bestreichen und im Ofen auf der mittleren Schiene 20 Minuten goldbraun backen.

4 Die Brioches aus dem Ofen nehmen, mit der flüssigen Butter bestreichen und mit dem Zimtzucker bestreuen. Nach Belieben die Aprikosen-Brioches zum Servieren mit etwas Puderzucker bestäuben.

Mein Tipp: Für den Zimtzucker 5 EL Zucker mit ½ TL Zimtpulver mischen. Diese Mischung können Sie in einem Schraubglas aufbewahren. Die Aprikosen ersetze ich im Herbst gerne durch Zwetschgen. Oder ich backe die Brioches pur ohne Fruchtfüllung und serviere sie mit der Kirschkonfitüre von Seite 70.

73

Apfel-Zimt-Waffeln

Für 4 Personen

220 g säuerliche Äpfel
(z. B. Boskop, Cox Orange)
100 g Zucker
1/2 TL Zimtpulver
2 EL Rum
4 Eier · Salz
240 g weiche Butter
1 Msp. Vanillemark
240 g Mehl · 1 TL Backpulver
60 g gemahlene Haselnüsse
1/8 l Milch
Öl für das Waffeleisen

1 Die Äpfel vierteln, schälen und die Kerngehäuse entfernen. Die Apfel-viertel auf der Gemüsereibe grob in eine Schüssel raspeln. Die Apfel-raspel mit 5 EL Zucker, dem Zimt und dem Rum mischen und etwas ziehen lassen.

2 Die Eier trennen. Die Eiweiße mit 1 Prise Salz steif schlagen, dabei den restlichen Zucker einrieseln lassen. Die Butter mit den Quirlen des Handrührgeräts in einer Schüssel cremig schlagen, das Vanillemark und die Eigelbe unterrühren.

3 Das Mehl, das Backpulver und die Haselnüsse in einer weiteren Schüs-sel mischen und abwechselnd mit der Milch unter die Schaummasse rühren. Die geraspelten Äpfel ebenfalls untermischen und zuletzt den Eischnee unterheben.

4 Das Waffeleisen aufheizen und die Backflächen dünn mit Öl bestrei-chen. Den Teig portionsweise auf dem Eisen verteilen und jeweils 3 bis 4 Minuten zu goldbraunen Waffeln backen. Die Waffeln aus dem Eisen heben, nach Belieben mit Puderzucker bestäuben und sofort servieren.

Mein Tipp: Die Äpfel im Teig können Sie zur Abwechslung auch einmal durch Birnen oder feste Pfirsiche ersetzen. Zu den Waffeln passt am besten Zitronenquark (Seite 68), Kirschkonfitüre (Seite 70) oder rote Grütze (Seite 90).

Schokoladentarte

Für 1 Tarte

Für den Mürbeteig:

420 g Mehl
150 g Puderzucker
1 Msp. Vanillemark
1 Msp. abgeriebene unbehandelte Zitronenschale
Salz · 2 Eigelb
300 g weiche Butter (in Würfeln)

Für die Füllung:

165 g Zartbitterkuvertüre
150 g Butter
80 g Kakaopulver
1 Msp. Vanillemark
Salz
4 Eier · 210 g Zucker
4 EL Ahornsirup
115 g saure Sahne

Für die Glasur:

100 g Zartbitterkuvertüre
120 g Sahne

Außerdem:

Butter und Mehl für die Form
Mehl für die Arbeitsfläche
Schokospäne

1 Für den Mürbeteig das Mehl auf die Arbeitsfläche sieben und in die Mitte eine Mulde drücken. Den Puderzucker mit dem Vanillemark, der Zitronenschale, 1 Prise Salz und den Eigelben in die Vertiefung geben. Die Butter am Rand verteilen. Alles mit den Händen rasch zu einem glatten Teig verkneten, zu einer Kugel formen, in Frischhaltefolie wickeln und 1 Stunde kühl stellen.

2 Eine Spring- oder Tarteform (28 cm Durchmesser) mit Butter einfetten und mit Mehl bestäuben. Den Mürbeteig auf der bemehlten Arbeitsfläche ½ cm dick ausrollen und die Form damit auslegen. Den Backofen auf 170 °C vorheizen.

3 Für die Füllung die Kuvertüre klein hacken und in einer Metallschüssel im warmen Wasserbad schmelzen. Die Butter in einem Topf zerlassen. Mit der Kuvertüre, dem Kakaopulver, dem Vanillemark und 1 Prise Salz vermischen. Eier und Zucker schaumig rühren und unter die Kuvertüremasse rühren. Dann den Sirup und die saure Sahne untermischen. Die Masse gleichmäßig auf dem Mürbeteig verteilen. Die Schokoladentarte im Ofen auf der untersten Schiene 35 bis 40 Minuten backen. Die Tarte herausnehmen und auf einem Kuchengitter abkühlen lassen.

4 Für die Glasur die Kuvertüre klein hacken. Die Sahne in einem kleinen Topf aufkochen und vom Herd nehmen. Die Kuvertüre hinzufügen und unter Rühren schmelzen. Falls die Glasur zu dickflüssig ist, noch etwas Sahne dazugeben. Die Schokoladentarte aus der Form lösen und mit der Glasur bestreichen. Mit den Schokospänen bestreuen und die Glasur fest werden lassen.

Mein Tipp: Besonders gut schmeckt die Schokoladentarte, wenn man sie vor dem Servieren kurz erwärmt und die einzelnen Stücke auf Desserttellern mit je 1 Kugel Vanilleeis serviert.

Schoko-Nuss-Muffins

1 Den Backofen auf 180 °C vorheizen. Die Vertiefungen einer Muffinform einfetten und mit Mehl bestäuben oder Papierförmchen hineinsetzen.

2 Die Eier trennen. Die Butter mit einem Drittel des Puderzuckers in einer Schüssel verrühren. Nach und nach die Eigelbe hinzufügen und die Masse leicht schaumig rühren.

3 Die Eiweiße mit dem restlichen Puderzucker zu einem cremigen Schnee schlagen. Die Schokoraspel, Nüsse, Mandeln, das Mehl und das Backpulver mischen. Die Hälfte des Eischnees unter die Buttermasse rühren. Dann die Mehlmischung und den restlichen Eischnee unterheben.

4 In die Vertiefungen der Form je 1 bis 2 EL Teig geben. Die Muffins im Ofen auf der mittleren Schiene 20 bis 25 Minuten backen. Herausnehmen und abkühlen lassen. Nach Belieben mit geschmolzener Zartbitterkuvertüre bestreichen, mit dunklen Schokospänen garnieren und leicht mit Puderzucker bestäuben.

Für 15 Stück (siehe Foto S. 79)
Butter und Mehl für die Form
6 Eier
250 g weiche Butter
250 g Puderzucker
200 g Zartbitter-Schokoraspel
125 g gemahlene Haselnüsse
125 g gemahlene Mandeln
100 g Mehl
1 TL Backpulver

Mein Tipp: Ein besonders nussiges Aroma erhalten die Muffins, wenn Sie die Haselnüsse vorab in einer Pfanne ohne Fett anrösten. Ein Viertel der gemahlenen Haselnüsse können Sie durch gehackte ersetzen – das sorgt für extra Biss.

Bienenstich-Muffins

Für 10 Stück
Für den Guss:
2 EL Sahne · 30 g Honig
20 g Butter · 60 g Zucker

Für den Hefeteig:
70 ml Milch
250 g Mehl
30 g Zucker · Salz
15 g frische Hefe
1 Msp. Vanillemark
1 Msp. abgeriebene unbe-
handelte Zitronenschale
1 Ei
50 g weiche Butter
100 g Mandelblättchen

Für den Pudding:
200 ml Milch
20 g Zucker
15 g Vanillepuddingpulver
1 Msp. Vanillemark
100 g Sahne
1 Päckchen Sahnesteif

Außerdem:
Butter und Mehl für die Form

1 Für den Guss die Sahne mit dem Honig, der Butter und dem Zucker in einem Topf aufkochen und unter Rühren bei milder Hitze 3 Minuten köcheln lassen. Den Guss abkühlen lassen.

2 Für den Hefeteig die Milch lauwarm erhitzen. Das Mehl in einer Schüssel mit dem Zucker, 1 Prise Salz, der zerbröckelten Hefe, dem Vanillemark, der Zitronenschale, der lauwarmen Milch und dem Ei mit den Knethaken des Handrührgeräts zu einem Teig verkneten. Die Butter hinzufügen und so lange kneten, bis ein glatter Teig entstanden ist. Den Hefeteig mit Frischhaltefolie zugedeckt an einem warmen Ort etwa 15 Minuten gehen lassen.

3 Die Vertiefungen einer Muffinform einfetten und mit Mehl bestäuben oder Papierförmchen hineinsetzen. Den Hefeteig in 10 Portionen teilen, zu Kugeln formen und in die Vertiefungen drücken. Leicht mit Wasser bestreichen und dicht mit den Mandeln bestreuen. Jeweils etwa ½ EL Guss darauf verteilen. Falls der Guss inzwischen zu fest geworden ist, kann man ihn nochmals anwärmen. Die Muffins anschließend vorsichtig mehrmals mit einer Gabel bis zum Boden einstechen und mit Frischhaltefolie zugedeckt an einem warmen Ort 20 Minuten gehen lassen.

4 Den Backofen auf 180°C vorheizen. Die Muffins im Ofen auf der mittleren Schiene etwa 15 Minuten goldbraun backen. Herausnehmen und abkühlen lassen.

5 Inzwischen für den Pudding aus der Milch, dem Zucker, dem Vanillepuddingpulver und dem Vanillemark nach Packungsanweisung eine Creme kochen und auskühlen lassen. Die Sahne mit dem Sahnesteif steif schlagen und unter die Vanillecreme rühren. Die Muffins in der Mitte quer halbieren, locker mit der Creme füllen und wieder zusammensetzen.

Ananastörtchen

Für 9–10 Stück

Für den Biskuit:

60 g Mehl

25 g Speisestärke

1 Msp. Backpulver

3 Eier · Salz

80 g Zucker

1 Msp. Vanillemark

1 Msp. abgeriebene unbehandelte Zitronenschale

2 EL Öl

Für den Baiserdeckel:

50 g weiche Butter

50 g Puderzucker

2 Eigelb

70 g Mehl

1 Msp. Backpulver

2 Eiweiß

110 g Zucker

100 g Mandelblättchen

Für die Füllung:

250 g Ananasfruchtfleisch

150 ml Apfelsaft

15 g Vanillepuddingpulver

Außerdem:

Butter und Mehl für das Blech

250 g Sahne

1 Päckchen Sahnesteif

1 Backofen auf 170 °C vorheizen. Ein Backblech mit Backpapier auslegen. Einen Tortenring (26 cm Durchmesser) daraufsetzen. Mehl, Speisestärke und Backpulver mischen und sieben. Die Eier trennen. Die Eiweiße mit 1 Prise Salz und dem Zucker zu einem cremigen Eischnee schlagen. Die Eigelbe, das Vanillemark und die Zitronenschale unterrühren. Die Mehlmischung vorsichtig unterheben. Das Öl unterrühren. Die Biskuitmasse in den Tortenring füllen und im Ofen auf der mittleren Schiene etwa 20 Minuten backen.

2 Für den Baiserdeckel die Butter mit dem Puderzucker verrühren. Die Eigelbe unterrühren. Das Mehl mit dem Backpulver mischen, sieben und ebenfalls unterrühren. Die Eiweiße mit dem Zucker steif schlagen.

3 Die Backofentemperatur auf 180 °C erhöhen. Auf einem Backblech einen Kreis von etwa 26 cm Durchmesser einfetten, leicht mit Mehl bestäuben und den Tortenring daraufsetzen. Den Rührteig auf die Fläche in den Ring streichen und den Eischnee darauf verteilen, dabei mit einem Löffel Spitzen ziehen. Den Eischnee mit den Mandeln bestreuen. Den Baiserdeckel im Ofen auf der mittleren Schiene etwa 20 Minuten backen. Herausnehmen und mit einem Messer vom Blech lösen. Aus dem Deckel 9 bis 10 Kreise (à 7 cm Durchmesser) ausstechen.

4 Für die Füllung die Ananas in etwa ½ cm große Stücke schneiden. Mit 100 ml Apfelsaft aufkochen. Restlichen Apfelsaft mit dem Puddingpulver mischen und in das Ananaskompott rühren.

5 Aus dem Biskuitboden 9 bis 10 Kreise (à 7 cm Durchmesser) ausstechen. Die Ananasfüllung darauf verteilen. Die Sahne mit dem Sahnesteif steif schlagen. Sobald die Ananasfüllung vollständig abgekühlt ist, die Sahne in einen Spritzbeutel mit Lochtülle füllen und einen Ring auf das Kompott spritzen. Die Baiserdeckel darauflegen und die Ananastörtchen mindestens 1 Stunde kühl stellen. Zum Servieren nach Belieben mit Puderzucker bestäuben.

Mein Tipp: Die Törtchen fülle ich statt mit Ananas manchmal auch mit Sauerkirschen. Dafür 250 g entsteinte Kirschen mit 150 ml Kirschsaft aufkochen und mit dem Puddingpulver wie oben beschrieben zubereiten.

Blutorangen-Tartelettes

Für den Mürbeteig:

420 g Mehl

150 g Puderzucker

1 Msp. Vanillemark

1 Msp. abgeriebene unbe-
handelte Zitronenschale

Salz, 8 Eigelb

300 g weiche Butter (in Würfeln)

Für die Füllung:

290 g Sahne

5 Eigelb

1/4 l Blutorangensaft
(frisch gepresst)

1/8 l Maracujasaft

Saft von 1 1/2 Zitronen

70 g Zucker

abgeriebene Schale von
1 unbehandelten Zitrone

3 Blatt Gelatine

115 g Vanillecremepulver
(zum Kaltanrühren)

60 g Butter

Für das Baiser:

3 Eiweiß

200 g Zucker

Außerdem:

Butter für die Förmchen

Mehl für die Arbeitsfläche

Hülsenfrüchte zum Blindbacken

1 Am Vortag für den Mürbeteig das Mehl auf die Arbeitsfläche sieben und in die Mitte eine Mulde drücken. Den Puderzucker mit dem Vanille-mark, der Zitronenschale, 1 Prise Salz und den Eigelben in die Vertiefung geben. Die Butter am Rand verteilen. Alles mit den Händen rasch zu ei-nem glatten Teig verkneten, zu einer Kugel formen, in Frischhaltefolie wickeln und über Nacht kühl stellen.

2 Am nächsten Tag den Backofen auf 180 °C vorheizen. Die Tartelette-törmchen (a 10 cm Durchmesser) einfetten. Den Teig auf der bemehl-ten Arbeitsfläche etwa 4 mm dick ausrollen. 8 Kreise (a 12 bis 13 cm Durchmesser) ausstechen und die Förmchen damit auslegen, dabei am Rand etwas andrücken. Die Tartelettes mit Backpapier bedecken und die getrockneten Hülsenfrüchte zum Blindbacken daraufgeben. Tartelettes im Ofen auf der mittleren Schiene etwa 25 Minuten backen.

3 Die Tartelettes herausnehmen und das Backpapier mit den Hülsen-früchten vorsichtig entfernen. Tartelettes weitere 8 Minuten backen, dann in den Förmchen auskühlen lassen und vorsichtig herauslösen.

4 Für die Füllung die Sahne mit den verquirlten Eigelben in einem Topf verrühren. Bei milder Hitze zur Rose abziehen. Den Blutorangen-, den Maracuja- und den Zitronensaft mit dem Zucker aufkochen und mit der Zitronenschale in die Eigelbsahne rühren. Die Gelatine in kaltem Wasser einweichen, ausdrücken und in der Fruchtsahne auflösen. Das Vanillecremepulver und die Butter in Stückchen in eine Schüssel geben und die noch sehr warme Fruchtsahne dazugeben. Alles mit dem Stabmixer aufschäumen, auf die Tartelettes verteilen und min-destens 3 Stunden kühl stellen.

5 Für das Baiser die Eiweiße steif schlagen, dabei den Zucker einrieseln lassen. Den Eischnee in einen Spritzbeutel mit Sterntülle füllen, die Baisermasse spiralförmig auf die Tartelettes spritzen und mit dem Flambierbrenner leicht bräunen. Die Blutorangen-Tartelettes nach Belieben mit Orangenscheiben garnieren.

Erdbeertörtchen

1 Am Vortag für die Tartelettes das Mehl auf die Arbeitsfläche sieben und in die Mitte eine Mulde drücken. Den Puderzucker, die Zitronenschale, das Vanillemark und 1 Prise Salz in die Mulde geben. Die Butter am Rand verteilen und alles mit den Händen rasch zu einem glatten Teig verkneten. Den Mürbeteig zu einer Kugel formen, in Frischhaltefolie wickeln und über Nacht kühl stellen.

2 Am nächsten Tag das Marzipan klein schneiden und mit dem Eiweiß und dem Puderzucker zu einer glatten, spritzfähigen Masse verrühren. Falls die Masse zu fest sein sollte, noch etwas Eiweiß oder Wasser untermischen.

3 Den Backofen auf 180°C vorheizen. Ein Backblech mit Backpapier auslegen. Den Mürbeteig auf der leicht bemehlten Arbeitsfläche 3 mm dick ausrollen und 10 Kreise (à 9 cm Durchmesser) ausstechen. Die Teigkreise auf das Blech legen. Die Marzipanmasse in einen Spritzbeutel mit kleiner Sterntülle füllen und an den Rand der Teigkreise rundum kleine Tatzen aufspritzen.

4 Die Tartelettes im Ofen auf der mittleren Schiene etwa 15 Minuten goldbraun backen. Herausnehmen und auf einem Kuchengitter auskühlen lassen. Die Schokolade klein hacken und in einer Metallschüssel im warmen Wasserbad unter Rühren schmelzen. Den Mürbeteigboden der Tartelettes (nicht die Tatzen) mit der Schokolade bestreichen.

5 Für den Belag die Erdbeeren waschen und putzen. 100 g Beeren mit dem Zucker in einen hohen Rührbecher geben und mit dem Stabmixer pürieren. 200 g Sahne mit 1 Päckchen Sahnesteif steif schlagen und mit dem Zitronensaft unter das Erdbeerpüree rühren. Die Erdbeersahne in einen Spritzbeutel mit großer Lochtülle füllen und je eine etwa 3½ cm hohe und 3 cm breite Kuppel in die Mitte der Törtchen spritzen. Die restlichen Erdbeeren halbieren und rund um die Kuppeln setzen.

6 Den Tortenguss nach Packungsanweisung mit dem Saft zubereiten. Die Törtchen mit dem Guss überziehen und etwa 1 Stunde kühl stellen.

7 Die restliche Sahne mit dem übrigen Sahnesteif steif schlagen und mit einem Spritzbeutel mit Sterntülle Rosetten auf die Törtchen spritzen.

Für 10 Stück

Für die Tartelettes:
250 g Mehl
80 g Puderzucker
1 Msp. abgeriebene unbehandelte Zitronenschale
1 Msp. Vanillemark · Salz
170 g weiche Butter (in Würfeln)
250 g Marzipanrohmasse
1 Eiweiß
50 g Puderzucker
100 g Zartbitterschokolade

Für den Belag:
1 kg Erdbeeren
40 g Zucker
400 g Sahne
2 Päckchen Sahnesteif
2 EL Zitronensaft
1 Päckchen klarer Tortenguss
¼ l Apfelsaft

Außerdem:
Mehl für die Arbeitsfläche

Bayerische Creme
mit Heidelbeerkompott

Für 4 Personen

Für den Biskuit:

60 g Mehl · 25 g Speisestärke
1 Msp. Backpulver
3 Eier · Salz · 80 g Zucker
Mark von ¼ Vanilleschote
1 Msp. abgeriebene unbehandelte Zitronenschale · 2 EL Öl

Für das Kompott:

300 g Heidelbeeren
(frisch oder tiefgekühlt)
1 EL Zucker · 4 EL Amaretto
2 EL Zitronensaft
½ Zimtrinde · ¼ Vanilleschote
1 Sternanis · 1 Stück
unbehandelte Zitronenschale

Für die Creme:

1 Eigelb · 20 g Zucker
Salz · 60 ml Milch
¼ Vanilleschote · 2 Blatt Gelatine
60 g Speisequark
1 Msp. abgeriebene unbehandelte Zitronenschale · 125 g Sahne

Für das Püree:

½ reife faserfreie Mango
1–2 TL brauner Zucker
2 TL Zitronensaft

Außerdem:

1–2 Stück Baiser
(aus der Bäckerei)

1 Für den Biskuit den Backofen auf 170 °C vorheizen. Ein Backblech mit Backpapier auslegen und einen Tortenring (26 cm Durchmesser) daraufsetzen. Das Mehl, die Speisestärke und das Backpulver in eine Schüssel sieben. Die Eier trennen, die Eiweiße mit 1 Prise Salz und dem Zucker zu einem cremigen Eischnee schlagen. Die Eigelbe, das Vanillemark und die Zitronenschale unterrühren, die Mehlmischung vorsichtig unterheben. Das Öl unterrühren und den Teig in den Tortenring füllen. Den Biskuit im Ofen auf der mittleren Schiene etwa 20 Minuten backen.

2 Für das Kompott die Heidelbeeren verlesen, waschen und abtropfen lassen (tiefgekühlte Beeren antauen lassen). Den Zucker in einer Pfanne karamellisieren. Die Heidelbeeren dazugeben, mit 3 EL Amaretto und dem Zitronensaft ablöschen. Die Gewürze hinzufügen und bei mittlerer Hitze einkochen, bis die Flüssigkeit fast verdampft ist. Das Beerenkompott abkühlen lassen und die Gewürze wieder entfernen.

3 Für die Creme das Eigelb mit dem Zucker und 1 Prise Salz in einer Metallschüssel schaumig rühren. Die Milch mit der Vanilleschote aufkochen und langsam in die Eigelbmasse rühren, die Schote entfernen. Die Vanillecreme in ein heißes Wasserbad setzen und unter Rühren zur Rose abziehen. Die Gelatine in kaltem Wasser einweichen, ausdrücken und in der warmen Creme auflösen. Den Quark und die Zitronenschale unterrühren und die Creme zugedeckt kühl stellen. Die Sahne steif schlagen und unterheben, sobald die Creme leicht geliert.

4 Für das Püree die Mango schälen und das Fruchtfleisch in breiten Spalten vom Stein schneiden. Mit dem Zucker und dem Zitronensaft in einen hohen Rührbecher geben und mit dem Stabmixer pürieren.

5 Das Baiser in kleine Stücke brechen und etwa 1 cm hoch in 4 Dessertgläser geben. Das Heidelbeerkompott darauf verteilen. Aus dem Biskuit 4 Kreise in Größe der Gläser ausstechen (restlichen Biskuit anderweitig verwenden), auf das Kompott legen und leicht andrücken. Mit dem übrigen Amaretto beträufeln. Die Bayerische Creme daraufgeben und das Dessert zugedeckt 2 bis 3 Stunden kühl stellen. Kurz vor dem Servieren das Mangopüree auf der Creme verteilen und nach Belieben mit Heidelbeeren und Minzeblättern garnieren.

Himbeerroulade mit Tannenspitzen

Für 1 Roulade

Für den Biskuit:

70 g Mehl

50 g Speisestärke

1 Msp. Backpulver

4 Eier

120 g Zucker

Salz

1 Msp. Vanillemark

1 Msp. abgeriebene unbe-
handelte Zitronenschale

2 EL Öl

Zucker zum Bestreuen

Für die Füllung:

30 g unbehandelte Tannen-
spitzen (am besten selbst
gepflückt)

200 g Himbeerpüree (siehe Tipp)

100 g Zucker

5 Blatt Gelatine

3 EL Zitronensaft

340 g Sahne

1 Für den Biskuit den Backofen auf 210 °C vorheizen. Ein Backblech mit Backpapier auslegen. Das Mehl, die Speisestärke und das Backpulver mischen und sieben. Die Eier trennen. Die Eiweiße mit dem Zucker und 1 Prise Salz zu einem cremigen Schnee schlagen. Die Eigelbe, das Vanille-mark und die Zitronenschale unterrühren. Dann die Mehlmischung vorsichtig unterheben. Das Öl und 3 EL heißes Wasser unter den Teig rühren. Die Biskuitmasse gleichmäßig auf dem Blech verteilen und im Ofen auf der mittleren Schiene etwa 10 Minuten backen. Den Biskuit herausnehmen, mit etwas Zucker bestreuen und auf einen Bogen Backpapier stürzen. Den Biskuit vollständig auskühlen lassen.

2 Für die Füllung die Tannenspitzen in einer kleinen Schüssel mit heißem Wasser übergießen. Die Tannenspitzen abgießen und abtropfen lassen. Das Himbeerpüree, 2 EL Wasser, den Zucker und die Tannenspitzen in einen hohen Rührbecher geben und mit dem Stabmixer pürieren. Das Fruchtpüree etwa 1 Stunde kühl stellen.

3 Die Gelatine in kaltem Wasser einweichen. Das Püree durch ein feines Sieb streichen und den Zitronensaft unterrühren. Etwas Fruchtpüree abnehmen und mit der ausgedrückten Gelatine in einem kleinen Topf bei mittlerer Hitze erwärmen, bis sich die Gelatine aufgelöst hat. Dann die Gelatinemischung unter das restliche Fruchtpüree mischen und alles kühl stellen, bis das Püree nach etwa 30 Minuten zu gelieren be-ginnt. Die Sahne steif schlagen und unter das Püree heben.

4 Das obere Backpapier vom Biskuit abziehen und die Himbeersahne gleichmäßig auf dem Biskuit verstreichen. Die Roulade mithilfe des unteren Backpapiers aufrollen, in das Papier einschlagen und 3 bis 4 Stunden kühl stellen. Zum Servieren die Roulade aus dem Papier nehmen und mit der Naht nach unten auf eine Platte setzen. Nach Belieben mit Puderzucker bestäuben und mit Sahnetupfen sowie frischen Himbeeren verzieren.

Mein Tipp: Das Himbeerpüree bekommen Sie in gut sor-tierten Supermärkten. Oder Sie bereiten es selbst zu: Dafür 500 g frische oder aufgetaute tiefgekühlte Himbeeren pürieren und durch ein Sieb streichen.

Apfel-Rosmarinmousse-Torte

Für 2 kleine Torten

Für die Apfelfüllung:

180 g Äpfel
(z. B. Boskop, Cox Orange)
3 EL Zitronensaft
3 EL Zucker
75 ml Weißwein
1 EL Calvados
(franz. Apfelbranntwein)
15 g Vanillepuddingpulver

Für den Deko-Rand:

25 g weiche Butter
4 EL Puderzucker
65 g Mehl
2 EL Kakaopulver
4 Eiweiß
2 Eier
175 g Marzipanrohmasse
ca. 3 EL Zucker
2 EL flüssige Butter (noch heiß)

Für den Biskuit:

70 g Mehl
50 g Speisestärke
1 Msp. Backpulver
4 Eier
120 g Zucker · Salz
1 Msp. Vanillemark
1 Msp. abgeriebene unbehandelte Zitronenschale
2 EL Öl

1 Für die Apfelfüllung die Äpfel vierteln, schälen und die Kerngehäuse entfernen. Die Apfelviertel in kleine Würfel schneiden und mit dem Zitronensaft beträufeln. Den Zucker in einem Topf karamellisieren, die Apfelwürfel dazugeben und kurz andünsten. Dann mit der Hälfte des Weins und dem Calvados ablöschen und die Äpfel bissfest dünsten. Das Puddingpulver mit dem restlichen Wein glatt rühren und unter die Äpfel rühren, bis die Flüssigkeit leicht sämig ist. Die Apfelfüllung abkühlen lassen und kühl stellen.

2 Für den Deko-Rand die Butter und den Puderzucker verruhren, 1 gehauften EL Mehl und den Kakao sieben, beides im Wechsel mit 1 Eiweiß unter die Butter rühren, bis eine glatte Masse entsteht. Die Masse in einen Spritzbeutel mit kleiner Lochtülle füllen und ein gitterförmiges Muster auf einen Bogen Backpapier (in Backblechgröße) spritzen. Das Kakaomuster etwa 1 Stunde kühl stellen und fest werden lassen.

3 Den Backofen auf 210 °C vorheizen. Die Eier mit dem zerkleinerten Marzipan schaumig rühren. 3 Eiweiß mit 2 EL Zucker zu einem cremigen Schnee schlagen und unter die Marzipan-Eigelb-Masse heben. Restliches Mehl sieben und unterrühren, dann die heiße Butter unterrühren.

4 Das Kakaomuster mit Backpapier auf ein Backblech legen. Den Marzipanteig zügig über das Kakaomuster streichen und im Ofen auf der mittlerer Schiene 15 bis 20 Minuten backen. Den Deko-Rand herausnehmen, mit 1 EL Zucker bestreuen, auf einen Bogen Backpapier wenden und auskühlen lassen. Das obere Backpapier abziehen und den Deko-Rand in 3 1/2 cm breite Streifen schneiden.

5 Für den Biskuit den Backofen auf 170 °C herunterschalten. Ein Backblech mit Backpapier auslegen und 2 Tortenringe (à 20 cm Durchmesser) daraufsetzen. Mehl, Speisestärke und Backpulver in eine Schüssel sieben. Die Eier trennen. Die Eiweiße mit dem Zucker und 1 Prise Salz zu einem cremigen Schnee schlagen. Die Eigelbe, das Vanillemark und die Zitronenschale unterrühren. Dann die Mehlmischung vorsichtig unterheben und das Öl mit 3 EL heißem Wasser unter den Teig rühren. Die Biskuitmasse auf die Tortenringe verteilen und im Ofen auf der mittleren Schiene 20 bis 30 Minuten backen. Die Biskuits herausnehmen und vollständig abkühlen lassen.

6 Zwei Tortenringe (à 20 cm Durchmesser) leicht mit Öl einfetten, mit Zucker bestreuen und jeweils auf flache Teller setzen. Mit den Deko-Rand-Streifen auslegen und je 1 Biskuitboden einlegen. Den Boden gegebenenfalls zuschneiden.

7 Für die Zitronencreme den Zucker mit der Butter, dem Ei, dem Zitronensaft und der -schale in einem Topf unter ständigem Rühren aufkochen. Auf den Biskuitboden zunächst die kalte Apfelfüllung streichen und dann die noch heiße Zitronencreme darauf verteilen. Die Füllung etwas abkühlen lassen und kühl stellen.

8 Für die Rosmarinmousse den Rosmarin waschen und trocken tupfen. Die Milch mit den Rosmarinnadeln und 1 Prise Salz kurz aufkochen, vom Herd nehmen und zugedeckt etwa 1 Stunde ziehen lassen.

9 Die Kuvertüre klein hacken und in einer Metallschüssel im warmen Wasserbad unter Rühren langsam schmelzen. Die Gelatine in kaltem Wasser einweichen. Die Eigelbe schaumig rühren. Die Rosmarinmilch erneut erhitzen, durch ein Sieb gießen und unter die Eigelbe rühren. Die Kuvertüre und die ausgedrückte Gelatine ebenfalls unterrühren und die Masse abkühlen lassen. Die Sahne steif schlagen und unterheben. Die Rosmarinmousse auf die Zitronencreme geben und die Torten 3 Stunden (am besten über Nacht) kühl stellen.

10 Für das Gelee das Pektin mit dem Zucker mischen. Die Gelatine in kaltem Wasser einweichen. Das Mangopüree mit 5 EL Wasser in einem kleinen Topf verrühren, die Zucker-Pektin-Mischung dazugeben und aufkochen. Die ausgedrückte Gelatine in der heißen Masse auflösen und auskühlen lassen. Die Torten mit dem Gelee bestreichen, die Ringe vorsichtig abnehmen und die Torten mit Babyäpfeln dekorieren.

Für die Zitronencreme:
90 g Zucker
90 g Butter
1 Ei
6 EL Zitronensaft
1 Msp. abgeriebene
unbehandelte Zitronenschale

Für die Rosmarinmousse:
3 EL frische Rosmarinnadeln
100 ml Milch
Salz
140 g weiße Kuvertüre
5 Blatt Gelatine
3 Eigelb
250 g Sahne

Für das Gelee:
1 Msp. Pektin (aus der Apotheke)
1 geh. EL Zucker
1 Blatt Gelatine
50 g Mangopüree
(aus dem Tetrapak)

Außerdem:
Öl und Zucker für die Formen
Babyäpfel (aus der Dose)

Mein Tipp: Statt 2 Torten können Sie natürlich auch nur 1 Torte backen. Dafür den Biskuit dann in einem Tortenring mit 26 cm Durchmesser zubereiten.

Windbeutel mit roter Grütze

Für ca. 50 Stück

Für den Brandteig:

100 ml Milch

2 Msp. Salz

5 EL Butter

160 g Mehl · 3 Eier

Für die rote Grütze:

250 g gemischte Beeren

(z. B. Himbeeren, Johannisbeeren,

Brombeeren, Heidelbeeren)

170 ml Kirsch- oder

Roter Johannisbeersaft

70 g Zucker

½ Zimtrinde

½ Vanilleschote

Saft und abgeriebene Schale

von ½ unbehandelten Orange

4 EL Speisestärke

Für die Vanillesahne:

½ l Milch

5 EL Zucker

1 Päckchen Vanillepuddingpulver

250 g Sahne

1 Päckchen Sahnesteif

Außerdem:

Puderzucker zum Bestäuben

1 Für den Brandteig die Milch mit 100 ml Wasser, dem Salz und der Butter in einem Topf aufkochen lassen. Das Mehl sieben und auf einmal unterrühren. Die Masse mit dem Kochlöffel so lange rühren, bis sich ein Teigkloß und ein weißer Film am Topfboden bilden. Den Brandteig in eine Schüssel geben und etwas auskühlen lassen. Die Eier nacheinander mit dem Kochlöffel unter den Teig rühren.

2 Den Backofen auf 210 °C vorheizen. Ein Backblech mit Backpapier auslegen. Den Brandteig in einen Spritzbeutel mit mittlerer Sterntülle füllen und kleine Rosetten (à 3 cm Durchmesser) auf das Blech spritzen. Den Teig mit etwas Wasser besprenkeln und im Ofen auf der mittleren Schiene 12 Minuten backen. Dann die Temperatur auf 165 °C reduzieren und die Windbeutel weitere 10 Minuten backen.

3 Inzwischen für die rote Grütze die Beeren verlesen, waschen, trocken tupfen und in eine Schüssel geben. Etwa zwei Drittel des Kirschsafts mit Zucker, Zimtrinde, Vanilleschote, Orangensaft und -schale aufkochen. Die Speisestärke mit dem restlichen Kirschsaft glatt rühren und in den köchelnden Fruchtsaft rühren, bis er leicht sämig wird. Die heiße Fruchtsauce 1 bis 2 Minuten köcheln lassen und über die Beeren gießen. Die rote Grütze abkühlen lassen.

4 Für die Vanillesahne aus der Milch mit dem Zucker und dem Puddingpulver nach Packungsanweisung einen Pudding kochen und abkühlen lassen. Die Sahne mit dem Sahnesteif steif schlagen. Den kalten Pudding glatt rühren, die Sahne unterheben und zugedeckt kühl stellen.

5 Die Windbeutel mit einem Sägemesser waagerecht halbieren. Die unteren Hälften mit roter Grütze füllen. Die Vanillesahne in einen Spritzbeutel mit Sterntülle füllen und als Rosetten auf die Grütze spritzen. Die oberen Windbeutelhälften daraufsetzen. Die Windbeutel leicht mit Puderzucker bestäuben.

Millirahmstrudel mit Zimt-Orangenfilets

Für 2 Strudel

Für den Strudelteig:
50 ml Öl · 210 g Mehl
½ TL Zucker · Salz · 1 Ei

Für die Füllung:
70 g weiche Butter
130 g Zucker
1 EL Vanillepuddingpulver
4 Eigelb
170 g saure Sahne
500 g Speisequark
4 EL Sahne
1 Msp. abgeriebene unbe-
handelte Zitronenschale
Mark von ½ Vanilleschote · Salz
3 Orangen
½ Zimtrinde
4 EL flüssige Butter

Für den Guss:
100 g Sahne · 1 Ei
2 EL Zucker
1 TL Vanillepuddingpulver · Salz
1 Msp. Vanillemark
1 Msp. abgeriebene unbe-
handelte Zitronenschale

Außerdem:
Mehl für die Arbeitsfläche
150 ml Milch

1 Für den Strudelteig das Öl und 80 ml Wasser jeweils in einem Topf erhitzen. Das Mehl sieben und mit dem Zucker und 2 Prisen Salz mischen. Das Öl, das Wasser und das Ei gleichzeitig zum Mehl geben und zu einem glatten Teig verkneten. Den Teig halbieren, zu Kugeln formen, in Frischhaltefolie wickeln und bei Zimmertemperatur mindestens 15 Minuten ruhen lassen.

2 Für die Füllung die Butter und 130 g Zucker schaumig rühren. Das Puddingpulver und die Eigelbe unterrühren. Dann die saure Sahne, den Quark und die Sahne mit der Zitronenschale, dem Vanillemark und 1 Prise Salz hinzufügen und gut unterrühren.

3 Die Orangen so großzügig schälen, dass auch die weiße Haut mit entfernt wird. Die Fruchtfilets aus den Trennhäuten schneiden, den dabei austretenden Saft auffangen. Den restlichen Zucker in einer Pfanne karamellisieren, die Orangenfilets dazugeben und mit etwas Orangensaft ablöschen. Die Pfanne vom Herd nehmen, die Zimtrinde hinzufügen und die Orangenfilets 15 Minuten ziehen lassen.

4 Für den Guss die Sahne, das Ei, den Zucker, das Puddingpulver, 1 Prise Salz, das Vanillemark und die Zitronenschale in einen hohen Rührbecher geben. Alles mit dem Stabmixer aufschlagen.

5 Den Backofen auf 190°C vorheizen. Einen Strudelteig auf der leicht bemehlten Arbeitsfläche dünn ausrollen und mit den Handrücken vorsichtig zu einem Rechteck (etwa 25 x 30 cm) ausziehen. Mit der Quarkfüllung bestreichen, dabei einen 3 cm breiten Rand frei lassen. Die Hälfte der Zimt-Orangenfilets auf der Quarkfüllung verteilen und die Füllung mit 2 EL flüssiger Butter beträufeln. Die Schmalseiten vom Teig etwas nach innen über die Quarkfüllung schlagen und den Strudel von der Längsseite her aufrollen. Den zweiten Strudel auf die gleiche Weise herstellen.

6 Beide Strudel in eine mit Backpapier ausgelegte Auflaufform legen und den Guss darübergießen. Die Millirahmstrudel im Ofen auf der mittleren Schiene etwa 35 Minuten backen, dann die Temperatur auf 170°C reduzieren und die Strudel weitere 15 Minuten backen. Nach dem Backen mit der Milch begießen und abkühlen lassen.

Apfelstrudel

Für 2 Strudel

Für den Strudelteig:

40 ml Öl
165 g Mehl
1/2 TL Zucker
Salz · 1 Ei

Für die Füllung

800 g Äpfel
(z. B. Boskop, Cox Orange)
2 EL Zitronensaft
60 g Zucker
100 g Walnüsse
100 g getrocknete Cranberrys
1/2 TL Zimtpulver

Außerdem:

Mehl für die Arbeitsfläche
4 EL flüssige Butter
6 EL Semmelbrösel

1 Für den Strudelteig das Öl und 60 ml Wasser jeweils in einem Topf erhitzen. Das Mehl sieben und mit dem Zucker und 2 Prisen Salz mischen. Das Öl, das Wasser und das Ei gleichzeitig zum Mehl geben und alles zu einem glatten Teig verkneten. Den Teig halbieren, zu Kugeln formen, in Frischhaltefolie wickeln und bei Zimmertemperatur mindestens 15 Minuten ruhen lassen.

2 Für die Füllung die Äpfel vierteln, schälen und die Kerngehäuse entfernen. Die Apfelviertel in 1 cm große Würfel schneiden. In einer Schüssel mit dem Zitronensaft und 50 g Zucker mischen. Die Walnüsse in einer Pfanne ohne Fett rösten, etwas abkühlen lassen und mit den Cranberrys grob hacken. Den restlichen Zucker mit dem Zimt mischen.

3 Den Backofen auf 190°C vorheizen. Einen Strudelteig auf der leicht bemehlten Arbeitsfläche dünn ausrollen und mit den Handrücken vorsichtig zu einem Rechteck (etwa 25 x 40 cm) ausziehen. Den Teig mit 1 EL flüssiger Butter bestreichen und mit der Hälfte der Semmelbrösel bestreuen. Die Hälfte der Äpfel, Walnüsse und Cranberrys auf dem Teig verteilen, dabei einen etwa 5 cm breiten Rand frei lassen. Die Füllung mit Zimtzucker bestreuen. Die Schmalseiten etwas nach innen über die Füllung schlagen und den Strudel von der Längsseite her aufrollen. Den zweiten Strudel ebenso herstellen.

4 Die Apfelstrudel auf ein mit Backpapier ausgelegtes Backblech legen und mit der restlichen flüssigen Butter bestreichen. Die Strudel im Ofen auf der mittleren Schiene 20 bis 25 Minuten goldbraun backen.

Mein Tipp: Die Strudel schmecken auch mit einer Füllung aus Zwetschgen sehr gut. Dafür dann die Cranberrys durch 50 g geröstete Kokosraspel ersetzen und den Zitronensaft weglassen.

Butter-Christstollen

1 Am Vortag für den Hefeteig die Mandeln, das Zitronat, das Orangeat und die Rosinen in dem Rum einlegen und zugedeckt 1 Tag ziehen lassen. Dabei gelegentlich umrühren.

2 Am nächsten Tag 70 g Mehl mit der zerbröckelten Hefe, der Milch, ½ TL Zucker und 1 Prise Salz mischen. Den Hefeansatz 30 bis 45 Minuten gehen lassen, bis er in sich zusammenfällt.

3 Das restliche Mehl, den übrigen Zucker, das Vanillemark, die Zitronenschale und die Gewürze zum Hefeansatz geben. Alles 1 Minute kneten. Dann die Butter, das Butterschmalz und das Marzipan hinzufügen und den Teig weitere 5 Minuten kneten. Den Teig mit Frischhaltefolie zugedeckt an einem warmen Ort 15 Minuten gehen lassen. Noch mal 5 Minuten kneten und wieder 15 Minuten gehen lassen. Den Teig weitere 5 Minuten kneten und in der letzten Minute die Rumfrüchtemischung dazugeben.

4 Den Teig auf der bemehlten Arbeitsfläche zu einem Rechteck ausrollen und zu einem Strang formen (25 cm Länge). Den Teigstrang mit einem Messer in der Mitte längs leicht einritzen. Den Stollen auf ein mit Backpapier ausgelegtes Backblech setzen und zugedeckt nochmals 15 bis 20 Minuten gehen lassen. Falls nötig, Rosinen von der Oberfläche entfernen, damit sie im Ofen später nicht verbrennen.

5 Den Backofen auf 180°C vorheizen. Den Stollen auf die mittlere Schiene in den Ofen schieben. Eine Tasse Wasser (etwa 100 ml) auf den heißen Backofenboden schütten und den Stollen im heißen Dampf im Ofen 5 Minuten backen. Dann die Backofentür einen kleinen Spalt öffnen (z. B. einen Kochlöffelstiel oder ein Küchentuch dazwischenklemmen) und den Stollen weitere 35 bis 45 Minuten backen.

6 Den Stollen aus dem Ofen nehmen und etwas abkühlen lassen. Das Butterschmalz in einem Topf erhitzen. Den Zucker auf die Arbeitsfläche streuen. Stollen mit dem heißen Butterschmalz bestreichen, im Zucker wälzen und vollständig auskühlen lassen. Mit Puderzucker bestäuben.

Für 1 Stollen
Für den Hefeteig:
70 g gehackte Mandeln
je 70 g Zitronat und Orangeat
100 g Rosinen
⅛ l brauner Rum
280 g Mehl
1 Würfel Hefe (42 g)
70 ml lauwarme Milch
2 EL Zucker · Salz
½ TL Vanillemark
½ TL abgeriebene unbehandelte Zitronenschale
1 Msp. gemahlene Macisblüte
je 1 Msp. Piment-, Kardamom-, Zimt- und Nelkenpulver
70 g weiche Butter
3 EL Butterschmalz
1 EL Marzipanrohmasse

Außerdem:
Mehl für die Arbeitsfläche
150 g Butterschmalz
200 g Zucker
Puderzucker zum Bestäuben

Mein Tipp: Für einen Marzipanstollen 300 g Marzipan mit 1 Eigelb und 50 g Margarine zu einer glatten Masse verarbeiten. Den Teig damit bestreichen und zu einem Stollen formen.

Butterstollen-Sterne

Für 3 Stück

Für den Hefeteig:

60 g gehackte Mandeln
je 60 g Zitronat und Orangeat
100 g Rosinen · ⅛ l brauner Rum
280 g Mehl
1 Würfel Hefe (42 g)
70 ml lauwarme Milch
2 EL Zucker · Salz
Mark von ¼ Vanilleschote
2 Msp. abgeriebene unbe-
handelte Zitronenschale
1 Msp. gemahlene Macisblüte
je 1 Msp. Piment-, Kardamom-,
Zimt- und Nelkenpulver
70 g weiche Butter
3 EL Butterschmalz
1 EL Marzipanrohmasse

Außerdem:

Mehl für die Arbeitsfläche
150 g Butterschmalz
200 g Zucker

1 Am Vortag für den Hefeteig die Mandeln, das Zitronat, das Orangeat und die Rosinen in dem Rum einlegen und zugedeckt 1 Tag ziehen lassen. Dabei gelegentlich umrühren.

2 Am nächsten Tag 70 g Mehl mit der zerbröckelten Hefe, der Milch, ½ TL Zucker und 1 Prise Salz mischen. Den Hefeansatz 30 bis 45 Minuten gehen lassen, bis er in sich zusammenfällt.

3 Das restliche Mehl, den übrigen Zucker, das Vanillemark, die Zitronenschale und die Gewürze zum Hefeansatz geben und alles 1 Minute kneten. Dann die Butter, das Butterschmalz und das Marzipan hinzufügen und den Teig weitere 5 Minuten kneten. Den Teig mit Frischhaltefolie zugedeckt an einem warmen Ort 15 Minuten gehen lassen. Dann nochmals 5 Minuten kneten und wieder 15 Minuten gehen lassen. Den Teig weitere 5 Minuten kneten und in der letzten Minute die Rumfrüchtemischung dazugeben. Den Teig zugedeckt nochmals 10 Minuten gehen lassen.

4 Ein Backblech mit Backpapier auslegen. Den Teig auf der bemehlten Arbeitsfläche etwa 3 cm dick ausrollen und 3 Sterne (à 10 cm Durchmesser) ausstechen. Die Sterne auf das Blech legen und nochmals zugedeckt 15 bis 20 Minuten gehen lassen.

5 Den Backofen auf 180 °C vorheizen. Die Butterstollen-Sterne auf die mittlere Schiene in den Ofen schieben. Eine Tasse Wasser (etwa 100 ml) auf den heißen Backofenboden schütten und die Sterne im heißen Dampf im Ofen 5 Minuten backen. Dann die Backofentür einen kleinen Spalt öffnen (z. B. einen Kochlöffelstiel oder ein Küchentuch dazwischenklemmen) und die Sterne weitere 35 Minuten backen.

6 Die Sterne aus dem Ofen nehmen und etwas abkühlen lassen. Das Butterschmalz in einem Topf erhitzen. Den Zucker auf die Arbeitsfläche streuen. Die warmen Sterne mit dem heißen Butterschmalz bestreichen, dann im Zucker wälzen und vollständig auskühlen lassen. Nach Belieben die Butterstollen-Sterne leicht mit Puderzucker bestäuben.

Stollenkonfekt mit Marzipan

Für ca. 50 Stück

20 g Rosinen
1 EL brauner Rum
3 EL Mandelblättchen
15 g kandierte Orangen
15 g kandierter Ingwer
340 g Marzipanrohmasse
ca. 70 g Puderzucker
1 Msp. Stollengewurz
Puderzucker für die Arbeitsfläche
4 EL Kokosfett
4 EL Zucker

1 Zwei Tage im Voraus die Rosinen in einer kleinen Schüssel mit dem Rum beträufeln und über Nacht ziehen lassen.

2 Am nächsten Tag die Mandeln in einer Pfanne ohne Fett leicht anrösten. Aus der Pfanne nehmen und abkühlen lassen.

3 Die Rumrosinen auf einem kleinen Sieb abtropfen lassen. Die Rosinen, die kandierten Orangen und den kandierten Ingwer grob hacken. Das Marzipan zerkleinern und mit 50 g Puderzucker, den Früchten und den Mandelblättchen verkneten, dabei das Stollengewürz untermischen.

4 Die Masse auf der mit etwas Puderzucker bestäubten Arbeitsfläche mit dem Nudelholz etwa 1½ cm dick ausrollen. Mit einem Plätzchenausstecher (3 cm Durchmesser) Sterne oder Herzen ausstechen und über Nacht leicht antrocknen lassen.

5 Am nächsten Tag das Kokosfett in einem kleinen Topf zerlassen. Den Zucker in einen tiefen Teller geben. Das Stollenkonfekt mit dem flüssigen Kokosfett rundum dünn bestreichen. Das Konfekt mit der Oberseite in den Zucker tauchen und zum Schluss mit dem restlichen Puderzucker bestäuben.

Mein Tipp: Sie können das Konfekt auch einmal mit kandierten Erdbeeren, Kumquats oder Sauerkirschen zubereiten. Das Stollenkonfekt am besten in einer gut verschließbaren Dose aufbewahren – so halten sich die kleinen Leckerbissen 3 bis 4 Wochen.

Baumkuchenspitzen

1 Für die Sandmasse das Marzipan klein schneiden und mit der Butter leicht schaumig rühren. Nacheinander die Eier unterrühren. Die Speisestärke untermischen. Den Cointreau, 1 Prise Salz, das Vanillemark und die Orangenschale hinzufügen und alles zu einer glatten Masse verrühren.

2 Die Eiweiße mit dem Zucker zu einem cremigen Schnee schlagen, dann die Eigelbe dazugeben. Die Eischneemasse und das gesiebte Mehl unter die Marzipan-Butter-Creme rühren.

3 Für die Füllung das zerkleinerte Marzipan mit so viel Cointreau und Läuterzucker verrühren, bis es etwa die Konsistenz von Marmelade hat.

4 Ein Backblech mit Backpapier auslegen, einen eckigen Metallrahmen (etwa 30 x 30 cm) daraufsetzen und in den Backofen schieben. Den Backofen auf 210 °C vorheizen. Dann etwas Teigmasse in den Rahmen auf dem heißen Blech dünn verstreichen und im Ofen auf der mittleren Schiene etwa 5 Minuten backen, bis der Teig fest ist. Aus dem Ofen nehmen und dünn mit der Marzipanfüllung bestreichen. Auf die Marzipanfüllung erneut dünn etwas Teigmasse streichen und im Ofen nochmals etwa 10 Minuten backen. Diesen Vorgang wiederholen, bis der Teig und die Füllung aufgebraucht sind. Den Baumkuchen vollständig abkühlen lassen und in 2 x 3 cm große Trapeze schneiden.

5 Für den Überzug die Kuvertüre klein hacken und zwei Drittel in einer Metallschüssel im warmen Wasserbad schmelzen. Die Schüssel aus dem Wasserbad nehmen, die restliche Kuvertüre unterrühren und schmelzen lassen. Die Baumkuchenspitzen mit der Kuvertüre überziehen und auf Backpapier trocknen lassen.

Für ca. 100 Stück
Für die Sandmasse:
60 g Marzipanrohmasse
220 g weiche Butter
2 Eier
100 g Speisestärke
2 EL Cointreau
(franz. Orangenlikör)
Salz
Mark von 1/2 Vanilleschote
1/2 TL abgeriebene unbehandelte
Orangenschale
6 Eiweiß · 160 g Zucker
9 Eigelb
100 g Mehl

Für die Füllung:
450 g Marzipanrohmasse
ca. 5 EL Cointreau
(franz. Orangenlikör)
ca. 100 ml Läuterzucker
(siehe Tipp)

Für den Überzug:
500 g Zartbitterkuvertüre

Mein Tipp: So stellen Sie Läuterzucker her: Zucker und Wasser zu gleichen Teilen in einem Topf erhitzen und etwa 1 Minute kochen. Die klare Flüssigkeit abkühlen lassen und nach Rezept verwenden oder in eine Flasche füllen und aufbewahren.

Spitzbuben

Für ca. 50 Stück

420 g Mehl
150 g Puderzucker
1 Msp. Vanillemark
1 Msp. abgeriebene unbe-
handelte Zitronenschale
Salz · 2 Eigelb
300 g weiche Butter (in Würfeln)
Mehl für die Arbeitsfläche
Puderzucker zum Bestäuben
ca. 150 g Himbeer- oder
Rotes Johannisbeergelee

1 Das Mehl auf die Arbeitsfläche sieben und in die Mitte eine Mulde drücken. Puderzucker, Vanillemark, Zitronenschale und 1 Prise Salz in die Mulde geben. Die Eigelbe hinzufügen und die Butter am Rand verteilen. Alles mit den Händen rasch zu einem glatten Teig verkneten, zu einer Kugel formen und in Frischhaltefolie gewickelt über Nacht kühl stellen.

2 Am nächsten Tag den Backofen auf 180°C vorheizen. Teig auf der leicht bemehlten Arbeitsfläche etwa 3 mm dick ausrollen und Sterne (à 5 cm Durchmesser) ausstechen. Aus der Hälfte der Sterne in der Mitte einen kleinen Kreis ausstechen. Plätzchen auf einem mit Backpapier ausgelegten Backblech im Ofen auf der mittleren Schiene 8 bis 10 Minuten goldbraun backen. Plätzchen mit Loch sofort nach dem Backen mit Puderzucker bestäuben. Alle Plätzchen auf einem Gitter abkühlen lassen.

3 Das Gelee mit dem Schneebesen glatt rühren, in einen Spritzbeutel mit kleiner Lochtülle füllen und jeweils einen Klecks auf die Sterne ohne Loch spritzen. Die Sterne mit Loch nochmals mit Puderzucker bestäuben, daraufsetzen und vorsichtig andrücken.

Safran-Orangen-Stäbchen

Für ca. 50 Stück

1 Döschen Safranfäden (0,1 g)
200 g weiche Butter
200 g Puderzucker
Mark von ¹/₂ Vanilleschote
abgeriebene Schale von
1 unbehandelten Orange
Salz · 3 Eier
320 g Mehl
ca. 10 EL Orangenmarmelade
(oder Aprikosenkonfitüre)
ca. 150 g Zartbitterschokolade

1 Den Backofen auf 190°C vorheizen. Die Safranfäden in 1 EL Wasser einweichen. Die weiche Butter mit dem Puderzucker, dem Vanillemark, der Orangenschale, 1 Prise Salz, dem Safransud und den -fäden verrühren. Die Eier nach und nach unterrühren. Das Mehl sieben und unterrühren. Teig in einen Spritzbeutel mit mittlerer Lochtülle füllen und 2 cm lange Stäbchen auf ein mit Backpapier ausgelegtes Backblech spritzen. Die Plätzchen im Ofen auf der mittleren Schiene 8 bis 12 Minuten goldbraun backen, herausnehmen und auf einem Kuchengitter abkühlen lassen.

2 Die Marmelade mit dem Schneebesen glatt rühren und den Boden der Hälfte der Stäbchen damit bestreichen. Mit den restlichen Plätzchen zusammensetzen. Die Schokolade klein hacken und in einer Metallschüssel im warmen Wasserbad schmelzen. Die Orangenstäbchen schräg in die Schokolade tauchen und auf Backpapier fest werden lassen.

Kokosbusserl

Für ca. 20 Stück

3 Eiweiß

150 g Zucker · Salz

50 g Orangeat (fein gehackt)

100 g Kokosraspel

Mark von ¼ Vanilleschote

2 EL Mehl

ca. 20 Oblaten

(3 cm Durchmesser)

1 Die Eiweiße mit Zucker und 1 Prise Salz in einen Topf geben und unter Rühren leicht erwärmen. Zuerst das Orangeat, dann die Kokosraspel und das Vanillemark dazugeben und so lange erhitzen, bis sich die Masse vom Topfboden löst. Zuletzt das Mehl unterrühren. Aus dem Topf nehmen und etwas abkühlen lassen. Den Backofen auf 190 °C vorheizen.

2 Die Makronenmasse in einen Spritzbeutel mit Sterntülle füllen. Ein Backblech leicht mit Wasser bestreichen und die Oblaten darauf verteilen. Die Masse auf die Oblaten spritzen und die Kokosbusserl im Ofen auf der mittleren Schiene 10 bis 12 Minuten backen, bis die Spitzen leicht gebräunt sind.

Nikolaushalbmonde

Für ca. 40 Stück

Für den Mürbeteig:

420 g Mehl · 150 g Puderzucker

1 Msp. abgeriebene

unbehandelte Zitronenschale

Mark von ½ Vanilleschote

Salz · 2 Eigelb

300 g weiche Butter (in Würfeln)

Mehl für die Arbeitsfläche

Für die Füllung:

ca. 200 g Nussnougat

(in Würfeln)

Für den Guss:

1 Eiweiß · ca. 150 g Puderzucker

rote und schwarze Lebens-

mittelfarbe

1 Für den Mürbeteig das Mehl auf die Arbeitsfläche sieben und in die Mitte eine Mulde drücken. Puderzucker, Zitronenschale, Vanillemark und 1 Prise Salz in die Mulde geben. Die Eigelbe hinzufügen und die Butter am Rand verteilen. Alles rasch zu einem glatten Teig verkneten, zu einer Kugel formen, in Frischhaltefolie wickeln, über Nacht kühl stellen.

2 Am nächsten Tag den Backofen auf 180 °C vorheizen. Den Teig auf der leicht bemehlten Arbeitsfläche etwa 3 mm dick ausrollen und Monde (à 5 cm Länge) ausstechen. Die Plätzchen auf einem mit Backpapier ausgelegten Backblech im Ofen auf der mittleren Schiene 8 bis 10 Minuten goldbraun backen. Herausnehmen und abkühlen lassen.

3 Für die Füllung den Nougat im warmen Wasserbad schmelzen, in einen Gefrierbeutel füllen und am unteren Ende eine Ecke abschneiden. Auf die Hälfte der Monde etwas Nougatmasse geben und mit den übrigen Plätzchen zusammensetzen. Für den Guss das Eiweiß verquirlen und so viel Puderzucker unterrühren, bis der Guss dickcremig ist. Ein Drittel Guss mit Lebensmittelfarbe rot färben. 1 TL Guss schwarz färben. Jeden Guss in einen Gefrierbeutel füllen und am unteren Ende eine kleine Ecke abschneiden. Die Plätzchen als Nikoläuse mit roten Zipfelmützen, Bärten und kleinen Tupfen als Augen verzieren.

Mandelziegel

1 Das Mehl mit der Sahne, der Hälfte des Puderzuckers, Vanillemark und Zitronenschale zu einem Teig mischen. Das Eiweiß mit dem restlichen Puderzucker zu einem cremigen Schnee schlagen und unterheben.

2 Den Backofen auf 200 °C vorheizen. Ein Backblech mit Backpapier auslegen. Den Teig in einen Spritzbeutel mit mittlerer Lochtülle füllen und runde Plätzchen (à 3 cm Durchmesser) auf das Blech spritzen, dabei zwischen den Kreisen einen Abstand von etwa 3 cm lassen. Das Blech etwas auf die Arbeitsfläche klopfen, damit die Plätzchen flach werden. Die Mandelblättchen auf den Plätzchen verteilen.

3 Mandelziegel im Ofen auf der mittleren Schiene 10 bis 15 Minuten hell backen. Herausnehmen und sofort nacheinander mit der Mandelseite nach oben auf ein Nudelholz oder mit der Mandelseite nach unten in eine kleine runde Form legen – so werden die Plätzchen etwas gebogen.

Für ca. 40 Stück
50 g Mehl
80 g Sahne
50 g Puderzucker
1 Msp. Vanillemark
1 Msp. abgeriebene
unbehandelte Zitronenschale
1 Eiweiß
ca. 2 EL Mandelblättchen

Zimtsterne

1 Am Vortag für den Teig die Eiweiße mit dem Zucker und 2 Prisen Salz zu einem cremigen Schnee schlagen. Die Mandeln dazugeben und nach und nach das zerkleinerte Marzipan unterrühren. Orangeat, Vanillemark, Zitronenschale und Zimtpulver untermischen. Den Teig mit Frischhaltefolie zugedeckt über Nacht kühl stellen.

2 Am nächsten Tag für die Baisermasse die Eiweiße mit 130 g Zucker steif schlagen. Dann den restlichen Zucker und den Puderzucker unter den Eischnee heben.

3 Den Backofen auf 195 °C vorheizen. Den Teig portionsweise auf der leicht mit Mandeln bestreuten Arbeitsfläche etwa 1 cm dick ausrollen und dünn mit der Baisermasse bestreichen. Aus dem Teig mit dem Zimtsternausstecher Sterne ausstechen. Die Teigreste mit einer weiteren Teigportion verkneten und ebenso verarbeiten. Falls der Teig zu weich werden sollte, gemahlene Mandeln untermischen.

4 Die Zimtsterne auf ein mit Backpapier ausgelegtes Backblech setzen und im Ofen auf der untersten Schiene 8 bis 12 Minuten backen.

Für ca. 40 Stück
Für den Teig:
5 Eiweiß · 400 g Zucker · Salz
350 g gemahlene Mandeln
150 g Marzipanrohmasse
40 g Orangeat (fein gehackt)
Mark von 1/2 Vanilleschote
2 Msp. abgeriebene
unbehandelte Zitronenschale
1 TL Zimtpulver
gemahlene Mandeln für
die Arbeitsfläche

Für die Baisermasse:
3 Eiweiß · 200 g Zucker
100 g Puderzucker

Petits Fours mit Johannisbeergelee

Für 36 Stück

Für den Biskuit:
150 g Marzipanrohmasse
7 Eigelb
9 Eiweiß
225 g Zucker
225 g Mehl
225 g flüssige Butter

Für die Füllung:
300 g Marzipanrohmasse
200 g Rotes Johannisbeergelee

Für die Deko:
200 g Marzipanrohmasse
ca. 80 g Puderzucker
Puderzucker zum Ausrollen
50 g Rotes Johannisbeergelee
ca. 500 g Zartbitter- oder
Vollmilchkuvertüre

1 Am Vortag für den Biskuit den Backofen auf 210 °C vorheizen. Das Marzipan klein schneiden und mit den Eigelben in einer Schüssel schaumig rühren. Die Eiweiße mit dem Zucker zu einem cremigen Schnee schlagen und unter die Marzipan-Eigelb-Masse heben. Das Mehl darübersieben und ebenfalls unterheben. Zuletzt die lauwarme Butter vorsichtig unterrühren.

2 Ein Backblech mit Backpapier auslegen. Den Biskuit in 5 Portionen teilen. Eine Teigportion auf dem Blech dünn zu einem Quadrat (25 x 25 cm) verstreichen und im Ofen etwa 10 Minuten goldbraun backen. Aus dem Ofen nehmen und abkühlen lassen. Mit dem restlichen Teig ebenso verfahren.

3 Für die Füllung das Marzipan klein schneiden und in einer Schüssel mit dem Johannisbeergelee glatt rühren. Vier Kuchenquadrate mit der Füllung bestreichen und aufeinanderlegen. Mit dem unbestrichenen Kuchenquadrat abschließen. Die restliche Füllung zugedeckt aufbewahren.

4 Den Petit-Four-Kuchen mit einem Bogen Backpapier zudecken und pressen. Dafür ein Backblech darauflegen und beschweren (z. B. mit Mehl- oder Zuckerpaketen). Den Kuchen über Nacht kühl stellen.

5 Am nächsten Tag das Backpapier abziehen und den Kuchen mit der übrigen Füllung dünn bestreichen.

6 Für die Deko das Marzipan mit dem Puderzucker zu einem glatten Teig verkneten und zwischen 2 Lagen dünn mit Puderzucker bestäubter Frischhaltefolie zu einem Quadrat (25 x 25 cm) ausrollen. Das Johannisbeergelee mit dem Schneebesen glatt rühren und auf den Petit-Four-Kuchen streichen. Die Marzipandecke darauflegen und andrücken.

7 Den Kuchen in Quadrate (à 3 ¹/₂ x 3 ¹/₂ cm) schneiden. Die Kuvertüre klein hacken und zwei Drittel in einer Metallschüssel im warmen Wasserbad schmelzen. Die Schüssel aus dem Wasserbad nehmen, die restliche Kuvertüre unterrühren und schmelzen lassen. Die Petits Fours in die Kuvertüre tauchen und auf ein Kuchengitter setzen. Nach Belieben mit Zuckerdekor (Blumen, Marienkäfer) verzieren. Bevor die Glasur vollständig erstarrt ist, die Petits Fours mit einem Messer vom Gitter lösen, damit sie nicht brechen.

Pralinenpasteten im Schokotöpfchen

1 Für die Schokotöpfchen die Kuvertüre klein hacken und zwei Drittel davon in einer Metallschüssel im warmen Wasserbad unter Rühren schmelzen. Die Schüssel aus dem Wasserbad nehmen, die restliche Kuvertüre hinzufügen und unter Rühren in der warmen Kuvertüre schmelzen. Falls sich die Kuvertürestücke nicht ganz auflösen sollten, die Kuvertüre nochmals vorsichtig im Wasserbad erwärmen – die Kuvertüre darf dabei nicht zu warm werden (höchstens 32 °C).

2 Eiswürfelformen (20 Vertiefungen) mit Watte auspolieren und dünn mit temperierter Kuvertüre auspinseln. Dann etwas Kuvertüre in die Formen gießen und sofort wieder ausgießen, damit die Schokoladenhohlkörper nicht zu dick werden. Die wachsweiche Kuvertüre an den Kanten abkratzen und die Formen erkalten lassen. Die restliche Kuvertüre bis zum nächsten Tag beiseitestellen.

3 Für den Krokant den Zucker in einen Topf geben und bei mittlerer Hitze karamellisieren. Die Mandeln dazugeben, die Masse auf ein Backpapier geben und auskühlen lassen. Den Krokant in einen Gefrierbeutel füllen und mit dem Nudelholz grob zerkleinern.

4 Für die Marzipanfüllung die Walnüsse in einer Pfanne ohne Fett anrösten, aus der Pfanne nehmen und abkühlen lassen. Mit 2 EL Krokant in einen Gefrierbeutel geben und mit dem Nudelholz fein zerkleinern. Beides mit dem zerkleinerten Marzipan, dem Puder- und dem Läuterzucker sowie Weinbrand zu einer spritzfähigen Masse verrühren.

5 Für den Krokantnougat den Nougat zerkleinern und in einer Metallschüssel im warmen Wasserbad unter Rühren langsam schmelzen. 2 EL zerkleinerten Krokant unterrühren.

6 Den Krokantnougat in einen Spritzbeutel füllen und in die Schokotöpfchen spritzen, sodass sie zu einem Drittel voll sind. Sobald der Nougat fest ist, die Marzipanfüllung in einen Spritzbeutel geben und die Schokotöpfchen damit ganz auffüllen. Die Pralinen über Nacht etwas antrocknen lassen und 1 Stunde in den Kühlschrank stellen, bis sie sich aus der Form lösen. Die Pralinen aus der Form klopfen, mit der restlichen temperierten Kuvertüre verschließen. Die Walnüsse auf die noch weiche Kuvertüre legen und mit Blattgold verzieren.

Für 20 Stück
Für die Schokotöpfchen:
300 g Zartbitterkuvertüre

Für den Krokant:
50 g Zucker
3 EL Mandelblättchen oder -stifte

Für die Marzipanfüllung:
2 EL Walnüsse
100 g Marzipanrohmasse
1 1/2 EL Puderzucker
ca. 3 EL Läuterzucker
(siehe Tipp S. 99)
ca. 2 EL Weinbrand

Für den Krokantnougat:
80 g Nussnougat

Außerdem:
20 Walnusshälften
Blattgold

Trüffelstäbchen mit Orangenblütenöl und Rosenblütenspitzen

Für je ca. 60 Stück

Für die Trüffelstäbchen:
530 g Vollmilchkuvertüre
60 g Zartbitterkuvertüre
120 g weiche Butter
5 EL Orangenlikör
(z. B. Cointreau)
100 g Sahne
3 EL Läuterzucker
(siehe Tipp S. 99)
ca. 10 Tropfen Orangenblütenöl
250 g Puderzucker

Für die Rosenblütenspitzen:
360 g Zartbitterkuvertüre
230 g Vollmilchkuvertüre
120 g weiche Butter
5 EL Kirschwasser
100 g Sahne
3 EL Läuterzucker
ca. 7 Tropfen Rosenöl
½ TL gemahlener Pfeffer

Außerdem:
ca. 50 g Kakaopulver
ca. 60 Zuckerperlen

1 Am Vortag für die Trüffelmasse der Trüffelstäbchen 230 g Vollmilchkuvertüre und die Zartbitterkuvertüre klein hacken. Zwei Drittel der beiden Kuvertüresorten in einer Metallschüssel im warmen Wasserbad schmelzen. Aus dem Wasserbad nehmen und die restliche gehackte Kuvertüre unter Rühren in der warmen Kuvertüre schmelzen.

2 Die weiche Butter nach und nach mit der geschmolzenen Kuvertüre glatt rühren. Likör, Sahne, Läuterzucker und Orangenblütenöl dazugeben und alles zu einer glatten Masse verrühren. Die Trüffelmasse zu einer spritzfähigen Masse abkühlen lassen. In einen Spritzbeutel mit Lochtülle (1 cm Durchmesser) füllen und als etwa 25 cm lange Stangen auf einen großen Bogen Backpapier spritzen. An einem kühlen Ort (nicht im Kühlschrank) über Nacht fest werden lassen. Am nächsten Tag mit einem warmen Messer in 2 bis 3 cm lange Stücke schneiden.

3 Die restliche Vollmilchkuvertüre wie oben beschrieben im Wasserbad schmelzen. Die Trüffelstäbchen hineintauchen und dann im Puderzucker wälzen. Sobald die Kuvertüre fest ist, die Stäbchen in ein Sieb geben und den überschüssigen Puderzucker abschütteln.

4 Am Vortag für die Rosenblütenspitzen 100 g Zartbitterkuvertüre im Wasserbad schmelzen und auf einem Bogen Backpapier dünn verstreichen. Sobald die Kuvertüre wachsweich ist, mit einem runden Ausstecher etwa 60 Kreise (à 2 cm Durchmesser) ausstechen.

5 Die Vollmilchkuvertüre und 60 g Zartbitterkuvertüre hacken. Zwei Drittel der beiden Kuvertüresorten in einer Metallschüssel im warmen Wasserbad schmelzen. Aus dem Wasserbad nehmen und die restliche gehackte Kuvertüre unter Rühren in der warmen Kuvertüre schmelzen. Die weiche Butter nach und nach mit der geschmolzenen Kuvertüre glatt rühren. Dann Kirschwasser, Sahne, Läuterzucker, Rosenöl und Pfeffer dazugeben und alles zu einer glatten Masse verrühren. Zu einer spritzfähigen Masse abkühlen lassen.

6 Trüffelmasse in einen Spritzbeutel mit mittlerer Sterntülle füllen und Spitzen auf die Schokokreise spritzen. Über Nacht an einem kühlen Ort ruhen lassen. Am nächsten Tag die restliche Zartbitterkuvertüre wie auf Seite 105, Step 1 beschrieben schmelzen, Rosenblütenspitzen damit überziehen, mit Kakao bestäuben, jeweils mit 1 Zuckerperle verzieren.

Schokoladennikolaus

Für 2 Nikolause

300 g Vollmilchkuvertüre
60 g Marzipanrohmasse
ca. 200 g Puderzucker
rote Lebensmittelfarbe
1 Eiweiß
einige Tropfen Zitronensaft
bunte Zuckerperlen
gemischte kleine Süßigkeiten
oder Plätzchen
(z. B. Weingummi, Butter-
plätzchen)
4 Schokoperlen

1   Die Kuvertüre klein hacken und zwei Drittel davon in einer Metallschüssel im warmen Wasserbad unter Rühren schmelzen. Die Schüssel aus dem Wasserbad nehmen, die restliche Kuvertüre hinzufügen und unter Rühren in der warmen Kuvertüre schmelzen. Falls sich die Kuvertürestücke nicht ganz auflösen sollten, die Kuvertüre nochmals vorsichtig im Wasserbad erwärmen – die Kuvertüre darf dabei nicht zu warm werden (höchstens 32 °C).

2   Inzwischen aus Pappe ein längliches Dreieck mit leicht gebogener Spitze (etwa 20 cm hoch, an der Basis 14 cm breit) als Schablone ausschneiden. Die geschmolzene Kuvertüre in 2 Portionen etwa 1 cm dick in etwa der Größe der Nikolausschablone auf Backpapier aufstreichen. Sobald die Kuvertüre wachsweich getrocknet ist, die Schablone auflegen und mit einem Messer 2 Nikolause ausschneiden. Sobald die Kuvertüre leicht fest ist, einen Bogen Backpapier darauflegen, die Figuren wenden und aushärten lassen.

3   Das Marzipan klein schneiden und mit 40 g Puderzucker verkneten, dabei so viel rote Lebensmittelfarbe hinzufügen, bis das Marzipan eine kräftige rote Farbe hat.

4   Für den Zuckerguss 150 g Puderzucker in eine Schüssel sieben. Das Eiweiß und den Zitronensaft dazugeben und verrühren. Einen kleinen Teil Zuckerguss abnehmen, mit roter Lebensmittelfarbe einfärben und in einen Spritzbeutel mit kleiner Lochtülle füllen. Mit dem roten Guss auf die gebogene Spitze der Dreiecke eine Mütze spritzen und antrocknen lassen. Die weiße Zuckerglasur in einen Spritzbeutel mit kleiner Sterntülle füllen und den Nikolausbart sowie am unteren Rand einen Mantelsaum aufspritzen. Den Saum in die Zuckerperlen tauchen.

5   Im unteren Drittel der Schokonikolause in einer Reihe nebeneinander verschiedene Süßigkeiten mit der Zuckerglasur befestigen. Für den Nikolaussack die rote Marzipanmasse auf etwas Puderzucker zu einer 2 mm dicken länglichen Platte ausrollen und zwei 3 cm breite Streifen ausschneiden. Die Marzipanstreifen auf die untere Hälfte der Süßigkeitenreihe legen und mit etwas Zuckerguss befestigen. Überstehende Ränder abschneiden. Aus den Marzipanresten 2 kleine rote Kugeln formen und als Nasen anbringen, Schokoperlen als Augen befestigen.

Schokoladen-Früchte-Tanne

Für 1 Tanne
ca. 220 g Vollmilchkuvertüre
ca. 150 g heller Nussnougat
9 runde Trüffelpralinen
kandierte Früchte
(z. B. Ananas, Orangen)
Rosinen
kandierte Rosenblüten- und
Veilchenblätter
geröstete Mandeln, Hasel- oder
Walnüsse
Silber- und Goldperlen

1 Die Kuvertüre klein hacken und zwei Drittel davon in einer Metallschüssel im warmen Wasserbad unter Rühren schmelzen. Die Schüssel aus dem Wasserbad nehmen, die restliche Kuvertüre hinzufügen und unter Rühren in der warmen Kuvertüre schmelzen. Falls sich die Kuvertürestücke nicht ganz auflösen sollten, die Kuvertüre nochmals vorsichtig im Wasserbad erwärmen – die Kuvertüre darf dabei nicht zu warm werden (höchstens 31°C).

2 Einen Großteil der geschmolzenen Kuvertüre etwa ½ cm dick auf Backpapier streichen. Die restliche Kuvertüre warm halten und zum Aufbau und Verzieren der Tanne verwenden. Sobald die Kuvertüre wachsweich ist, mit 4 unterschiedlich großen Ausstechern (12, 9, 6 und 4 cm Durchmesser) je 1 Stern ausstechen. Nachdem die Kuvertüre fest geworden ist, die Sterne vorsichtig vom Backpapier lösen und aushärten lassen.

3 Den Nougat klein schneiden und in einer Metallschüssel im warmen Wasserbad unter Rühren schmelzen. In einen Spritzbeutel mit mittlerer Sterntülle füllen.

4 Den größten Stern auf 3 Trüffelkugeln mit etwas flüssiger Kuvertüre befestigen und mit Nougat, Früchten, Blütenblättern und Nüssen verzieren. In die Mitte des Sterns wieder 3 Trüffelkugeln mit Kuvertüre kleben, den nächstkleineren Stern darauf befestigen und erneut verzieren. Dann 2 Trüffelkugeln anbringen und zwischen die beiden letzten Sterne noch 1 Trüffelpraline setzen. Die kleinen Schokosterne und zuletzt die ganze Tanne mit den Perlen verzieren.

Mein Tipp: Rührt man unter den geschmolzenen Nougat einige Tropfen braunen Rum oder Amaretto, wird die Masse etwas fester. Das macht das Verzieren für Ungeübte einfacher.

Gewürznüsse

VON ALFONS SCHUHBECK

Für 4–6 Personen
1–2 TL Salz
1/2 TL mildes Chilipulver
2 geh. TL mildes Currypulver
1/2 TL Paprikapulver (edelsüß)
50 g Zucker
1 Eiweiß
300 g gemischte Nüsse und Kerne (z. B. Cashew-, Pekan-, Para-, Macadamia-, Walnüsse, Mandeln, Pistazienkerne)

1 Den Backofen auf 140°C (Umluft) vorheizen. Das Salz mit dem Chili-, Curry- und Paprikapulver sowie dem Zucker mischen. Das Eiweiß halb steif schlagen. Zunächst die Gewürzmischung und dann die Nüsse, Mandeln und Pistazien untermischen.

2 Die Masse gleichmäßig auf einem mit Backpapier ausgelegten Backblech verteilen. Die Gewürznüsse im Ofen auf der mittleren Schiene 20 bis 25 Minuten goldbraun backen, dabei zwischendurch wenden. Aus dem Ofen nehmen und auskühlen lassen. Die Gewürznüsse voneinander trennen und in gut verschließbare Dosen oder Schraubgläser füllen. So halten sie sich mehrere Wochen.

Marzipankartoffeln

Für ca. 30 Stück
300 g Marzipanrohmasse
150 g Puderzucker
Puderzucker für die Arbeitsfläche
1 EL Kakaopulver

1 Am Vortag das Marzipan mit 120 g Puderzucker gut verkneten. Die Marzipanmasse auf der mit Puderzucker bestäubten Arbeitsfläche zu etwa daumendicken Rollen formen. Von den Rollen knapp 2 cm lange Stücke abschneiden und mit den Händen zu kleinen Kugeln formen. Die Marzipankugeln über Nacht leicht antrocknen lassen.

2 Am nächsten Tag den restlichen Puderzucker und das Kakaopulver mischen und auf ein Küchentuch sieben. Die Marzipankartoffeln portionsweise darin einschlagen und vorsichtig rollen, bis sie rundum bräunlich überzogen sind.

Bruchschokolade

Für ca. 4 Tafeln

500 g Vollmilch- oder
Zartbitterkuvertüre
wahlweise 100 g geröstete Nüsse
(z. B. Hasel- oder Walnüsse),
Mandeln oder Pinienkerne
100 g Cornflakes
100 g kandierte Orangenstücke
50 g Rosenblütenblätter

1 Die Kuvertüre klein hacken und zwei Drittel davon in einer Metallschüssel im warmen Wasserbad unter Rühren schmelzen. Die Schüssel aus dem Wasserbad nehmen, die restliche Kuvertüre hinzufügen und unter Rühren in der warmen Kuvertüre schmelzen. Falls sich die Kuvertürestücke nicht ganz auflösen sollten, die Kuvertüre nochmals vorsichtig im Wasserbad erwärmen – die Kuvertüre darf dabei nicht zu warm werden (höchstens 32 °C).

2 Die Kuvertüre portionsweise mit dem Schöpflöffel auf Backpapier gießen (etwa 7 x 15 cm groß), mit Nüssen, Cornflakes, kandierten Orangen oder Rosenblütenblättern bestreuen und fest werden lassen. Sie können die geschmolzene Kuvertüre auch statt zu bestreuen nach Belieben mit 1/2 TL Chilipulver, Lebkuchengewürz oder Zimtpulver aromatisieren und fest werden lassen.

Schokoladenfrüchte

Für 4 Personen

400 – 500 g gemischtes Obst der
Saison (z. B. Ananas, Bananen,
Beeren, Kiwi, Mandarinen,
Melone, Trauben)
500 g Vollmilch-, Zartbitter- oder
weiße Kuvertüre
Schokoladenstreusel und
bunte Zuckerstreusel
zum Garnieren

1 Das Obst je nach Sorte putzen, schälen bzw. waschen und bei Bedarf entkernen. Das Obst in mundgerechte Stücke schneiden.

2 Die Kuvertüre klein hacken und zwei Drittel davon in einer Metallschüssel im warmen Wasserbad unter Rühren schmelzen. Die Schüssel aus dem Wasserbad nehmen, die restliche Kuvertüre hinzufügen und unter Rühren in der warmen Kuvertüre schmelzen. Falls sich die Kuvertürestücke nicht ganz auflösen sollten, die Kuvertüre nochmals vorsichtig im Wasserbad erwärmen – die Kuvertüre darf dabei nicht zu warm werden (höchstens 32 °C).

3 Die Früchte auf kleine Holzspieße stecken, in die geschmolzene Kuvertüre tauchen und mit den Streuseln garnieren. Die Schokoladenfrüchte auf einem Kuchengitter mit untergelegtem Backpapier fest werden lassen. Zum Servieren in ein mit braunem Zucker gefülltes Glas stecken.

Hexenhaus aus Honigkuchen

Für 1 Lebkuchenhaus

Für den Honigkuchenteig:

650 g Honig
250 g Zucker
200 g Butter
2 Eier
abgeriebene Schale von
½ unbehandelten Zitrone
2 EL Kakaopulver
2 Päckchen Lebkuchengewürz
1 kg Mehl
10 g Hirschhornsalz
7–8 EL Milch
4 g Pottasche

1 Am Vortag für den Honigkuchenteig den Honig, den Zucker und die Butter in einen Topf geben und langsam unter Rühren erwärmen, bis sich der Zucker völlig aufgelöst hat. Dann die Masse wieder etwas abkühlen lassen.

2 Die Eier, die Zitronenschale, das Kakaopulver und das Lebkuchengewürz dazugeben und mit den Quirlen des Handrührgeräts unterrühren. Danach das Mehl zur Honigmasse geben und mit den Händen gut in den Teig einarbeiten.

3 Das Hirschhornsalz in 3 bis 4 EL Milch, die Pottasche in 2 EL Milch jeweils in kleinen Tassen auflösen. Erst das Hirschhornsalz, dann die aufgelöste Pottasche gleichmäßig unter den Honigteig kneten. Den Teig in Frischhaltefolie wickeln und 24 Stunden kühl stellen.

4 Am nächsten Tag die Schablonen für das Hexenhaus aus Pappe zurechtschneiden und zur Probe einmal zusammensetzen, um zu prüfen, ob die Teile auch passen. Man benötigt eine runde Bodenplatte (etwa 28 cm Durchmesser), 1 dreieckigen Giebel (für 2 gleichschenklige Dreiecke mit einer Basis von 20 cm und einer mittleren Höhe von 25 cm) sowie 1 Rechteck (für 2 Dachflächen à 20 x 27 cm).

5 Den Teig nochmals kurz von Hand durchkneten und auf der bemehlten Arbeitsfläche ½ cm dick ausrollen. Aus dem ausgerollten Lebkuchenteig 1 Bodenplatte, 2 Rechtecke und 2 Dreiecke ausschneiden, dabei aus einem Dreieck noch ein rundes Fenster und eine Tür ausschneiden. Den Backofen auf 180°C vorheizen. Die Teigstücke auf mit Backpapier belegte Backbleche legen.

6 Aus den Teigresten einen breiteren Streifen für den Schornstein ausschneiden und dünnere Streifen für einen Zaun. Alle Teile dünn mit der restlichen kalten Milch bestreichen und im Ofen auf der mittleren Schiene 10 bis 15 Minuten backen, die Kleinteile nur 5 bis 10 Minuten. Die Teigstücke aus dem Ofen nehmen und abkühlen lassen.

7 Für den Guss den Puderzucker in eine Schüssel sieben. Die Eiweiße und den Zitronensaft dazugeben und alles verrühren. Den Zuckerguss in einen Spritzbeutel mit mittelgroßer Lochtülle geben.

8 Die abgekühlten Bauteile mit dem Zuckerguss zusammensetzen. Dafür zuerst die Vorderseite des Hauses (Dreieck mit Fenster und Türe) auf der Bodenplatte befestigen. Dann eine bis zum Boden reichende Dachseite ankleben, die an der Vorderseite 2 bis 3 cm überstehen sollte. Als Nächstes die Rückseite des Hexenhauses etwas zurückversetzt und schließlich die zweite Dachseite mit dem Zuckerguss fixieren.

9 Für den Schornstein den dickeren Honigkuchenstreifen schräg halbieren und die Hälften aneinanderkleben. Sobald der Guss etwas fest geworden ist, den Schornstein auf der Dachschräge festkleben. Für den Zaun aus den dünneren Teigstreifen aus 2 langen und mehreren kurzen Stücken einen Lattenzaun zusammensetzen und vor der Hexenhaustür mit Zuckerguss festkleben.

10 Den Rand der Dachfläche mit den halbierten Mandeln verzieren. Das Dach und die Vorder- und Rückseite üppig mit süßen Leckereien nach Belieben bekleben. Für die Eiszapfen am Dach aus dem restlichen Zuckerguss mit einer kleinen Lochtülle Zapfen anbringen, dabei unbedingt unten beginnen. Den First und den Zaun ebenfalls mit Zuckerguss verzieren und auf dem Schornstein 1 Stück Watte als Rauch anbringen. Das Hexenhaus großzügig mit Puderzucker bestäuben.

Für den Guss:
300 g Puderzucker
2 Eiweiß
6 Tropfen Zitronensaft

Außerdem:
Mehl für die Arbeitsfläche
halbierte Mandeln (ohne Haut)
bunte Süßigkeiten
Watte für den Schornstein
Puderzucker zum Bestäuben

Mein Tipp: Falls der Guss zu flüssig sein sollte, können Sie noch etwas Puderzucker unterrühren, bis er die gewünschte Konsistenz hat. Der Honigkuchen wird nach einigen Wochen hart. Geben Sie ihn dann einfach mit einem Apfel einige Zeit in eine Plastiktüte, dann wird er wieder wunderbar weich, und Sie können das Hexenhaus vernaschen.

Krapfen und Ausgezogene

Für 20 Krapfen
oder 15 Ausgezogene
Für den Hefeteig:
500 g Mehl
140 ml kalte Milch
1 Würfel Hefe (42 g)
75 g Zucker
2 Eier
3 Eigelb
1/2 TL Salz
75 g weiche Butter
1 Msp. Vanillemark
1 Msp. abgeriebene unbe-
handelte Zitronenschale
1 Msp. gemahlene Macisblüte
3/4 l Frittierfett

Für die Krapfenfüllung:
1 kleines Glas Aprikosen-,
Sauerkirsch- oder Hagebutten-
konfitüre (250 g)

Außerdem:
Mehl für die Arbeitsfläche
Zucker zum Wälzen
Puderzucker zum Bestäuben

1 Am Vortag für den Hefeteig das Mehl in eine große Schüssel sieben. Die Milch, die zerbröckelte Hefe, den Zucker, die Eier, die Eigelbe und das Salz dazugeben und verkneten. Die Butter, das Vanillemark, die Zitronenschale und die gemahlene Macisblüte hinzufügen und einige Minuten weiterkneten, bis ein geschmeidiger Teig entstanden ist, der sich vom Schüsselrand löst. Den Hefeteig in der Schüssel mit Frischhaltefolie zugedeckt über Nacht im Kühlschrank ruhen lassen.

2 Für Krapfen am nächsten Tag den Teig kurz von Hand durchkneten und in 20 Portionen (à 50 g) teilen. Anschließend kleine Kugeln aus dem Teig formen und auf ein mit Mehl bestäubtes Küchentuch setzen. Die Teigkugeln zugedeckt an einem warmen Ort mindestens 30 Minuten gehen lassen, bis sie ihr Volumen mehr als verdoppelt haben.

3 Das Frittierfett in einem Topf oder in der Fritteuse auf 180 °C erhitzen. Die Krapfen im heißen Fett mit der Unterseite nach oben zugedeckt etwa 2 Minuten backen, dann die Krapfen wenden und offen weitere 2 Minuten backen. Vor dem Herausnehmen noch mal kurz wenden.

4 Die Krapfen auf einem mit Küchenpapier belegten Kuchengitter abtropfen und etwas abkühlen lassen. Dann in Zucker oder nach Belieben in Zimtzucker (siehe Tipp S. 72) wälzen und mit Puderzucker bestäuben.

5 Die Marmelade mit dem Schneebesen glatt rühren und in einen Spritzbeutel mit Krapfenspritztülle geben. Die Krapfen seitlich durch den hellen Rand einstechen und mit der Marmelade füllen.

6 Für Ausgezogene den Hefeteig in 15 Portionen (à 70 g) teilen, zu Kugeln formen und zugedeckt 15 Minuten gehen lassen. Dann in die Mitte der Teigkugeln jeweils eine Mulde drücken und den Teig mit den Fingern von der Mitte her dünn ausziehen. Nochmals 15 Minuten gehen lassen. Das Frittierfett in einem Topf oder in der Fritteuse auf 180 °C erhitzen und die Ausgezogenen ins heiße Fett geben. Den Deckel auflegen und die Ausgezogenen auf der Unterseite goldbraun ausbacken. Wenden und ohne Deckel auf der zweiten Seite ebenfalls goldbraun ausbacken. Die Ausgezogenen noch zweimal wenden, dabei darauf achten, dass kein Fett in die Mitte kommt, damit sie weiß bleibt. Die Ausgezogenen herausnehmen, auf einem mit Küchenpapier belegten Kuchengitter abtropfen und etwas abkühlen lassen. Dann in Zucker wälzen.

Register

Bildnachweis

Foodfotos: Andrea Kramp und Bernd Gölling

Foodstyling: Petra Speckmann, außer: Clarence Brown (S. 35, 40, 55); Christiane Steinfeld (S. 8–9, 59, 63, 66–67)

Willkommen bei Alfons Schuhbeck!

Alfons Schuhbecks Sterne-Restaurant »Südtiroler Stuben« liegt am Platzl, dem berühmtesten Platz Münchens. Hier finden Sie auch seine Kochschule, sein Weinbistro, seinen Eissalon sowie seinen Gewürz- und Schokoladenladen. Über alle Angebote können Sie sich im Internet, per Telefon oder auch gern persönlich informieren. Einzelgewürze, Gewürz-, Salz- und Zuckermischungen und vieles mehr können Sie auch bequem im Online-Shop bestellen.

Schuhbecks
Am Platzl 6 + 8
80331 München
Tel.: 089/2166900

www.schuhbeck.de
www.schuhbeck-gewuerze.de

Wegweiser zur Sendung

Teig

Gebackener Steckerlfisch auf Limettenspinat *47*

Spanferkelfilet im Nudelblatt auf Chilikraut
mit Dörrpflaumen *58*

Nikolaushalbmonde *102*

Safran-Orangen-Stäbchen *100*

Kulinarische Geschenke

Glasierte Wachteln auf Salat mit Kräuter-Senf-Dip *54*

Sülze von der Pfeffermakrele mit Senfgurken *34*

Hexenhaus aus Honigkuchen *114*

Schokoladennikolaus *108*

Festliche Weihnachten 1

Gewürzbackhendl mit Rosenkohl und
mariniertem Kürbis *51*

Rehrücken im Brotmantel auf Birnen-Wirsing *62*

Schokoladen-Früchte-Tanne *109*

Butterstollen-Sterne *96*

Festliche Weihnachten 2

Kartoffelgröstl mit Schweinefilet *57*

Rigatoni mit Lachs und grünem Spargel *50*

Pralinenpasteten im Schokotöpfchen *105*

Stollenkonfekt mit Marzipan *98*

Buffet 1

Gebratene Jakobsmuscheln auf Dattel-Lauch-Salat *33*

Krabbencocktail mit Avocado *29*

Roastbeef mit Pfefferkartoffeln *56*

Mandelziegel *103*

Petits Fours mit Johannisbeergelee *104*

Schokoladenfrüchte *112*

Buffet 2

Rosa gebratener Kalbsrücken mit Thunfisch im
Sesammantel *40*

Zander auf Paprikakraut mit Zitronenschmand *48*

Blutorangen-Tartelettes *82*

Windbeutel mit roter Grütze *90*

Strudel

Gewürz-Forellen-Strudel mit Lachs und
Schnittlauchsauce *32*

Hirschstrudel mit Feigen und Wacholder-Sabayon *65*

Apfelstrudel *94*

Millirahmstrudel mit Zimt-Orangenfilets *92*

Faschingsgebäck & Kater

Asiatische Suppe mit Chili und Zitronengras *44*

Rote-Bete-Salat mit Garnelen und Birne *38*

Apfel-Zimt-Waffeln *74*

Krapfen und Ausgezogene *116*